Das Kartoffelbuch
Schleswig-Holstein

Das Kartoffelbuch
Schleswig-Holstein

Sorten Geschichten Rezepte

Carsten Fleischhauer | Guntram Turkowski

mit Beiträgen von Erich Thiesen
und Informationen der Landwirtschaftskammer Schleswig-Holstein

Fotografien von Steffi Brügge
Rezepte zusammengestellt und gekocht
von den Landfrauen Schleswig-Holstein und
Sternekoch Dirk Luther

Wachholtz

ISBN 978-3-529-05769-4

Vorwort

Nach dem Erfolg des Apfelbuches Schleswig-Holstein sowie von Birnen und Quitten in Schleswig-Holstein, war es eine logische Folge ein Buch einer Frucht zu widmen, die trotz erster Vorbehalte bereits seit über zwei Jahrhunderten zum Grundnahrungsmittel der Schleswig-Holsteiner zählt. Auf den kargen Böden der Geest konnte sich die Kartoffel durchsetzen und erlangte immer größere Bedeutung.

Wer hätte besser die Kulturgeschichte der Kartoffel in Schleswig-Holstein darstellen können als Carsten Fleischhauer und Guntram Turkowski, die als Leiter des Volkskunde Museums Schleswig jenes Wissen sammeln und vermitteln. Kleine Anekdoten aus dem ländlichen Leben wurden von Erich Thiesen, Autor und langjähriger Chefredakteur des Bauernblattes, in den Text eingestreut.

Die von der Landwirtschaftskammer Schleswig-Holstein zusammengestellte Auswahl an Kartoffelsorten bildet einen Querschnitt durch die Sortenvielfalt im Land. Die Landfrauen Schleswig-Holstein begaben sich auf Rezeptsuche und auf Gut Schirnau wurden von engagierten Landfrauen die besten Rezepte ausgewählt und zubereitet.

Auch Sternekoch Dirk Luther konnte dem Reiz der Kartoffel nicht widerstehen und gab einige seiner leckersten Rezepte preis.

Die atmosphärischen Fotos von Steffi Brügge bereichern auch diesen Band und machen Lust, die Kartoffel immer wieder neu zu entdecken.

Inhalt

Abschiedsworte an Pellka

Jetzt schlägt deine schlimmste Stunde,
Du Ungleichrunde,
Du Ausgekochte, du Zeitgeschälte,
Du Vielgequälte,
Du Gipfel meines Entzückens.
Jetzt kommt der Moment des Zerdrückens
Mit der Gabel! – Sei stark!
Ich will auch Butter und Salz und Quark
Oder Kümmel, auch Leberwurst in dich stampfen.
Musst nicht so ängstlich dampfen.
Ich möchte dich doch noch einmal erfreun.
Soll ich Schnittlauch über dich streun?
Oder ist dir nach Hering zumut?

Du bist so ein rührend junges Blut.
Deshalb schmeckst du besonders gut.
Wenn das auch egoistisch klingt,
So tröste dich damit, du wundervolle
Pellka, dass du eine Edelknolle
Warst, und dass dich ein Kenner verschlingt.

Joachim Ringelnatz

Kulturgeschichte der Kartoffel

Über den großen Teich

Willkommen in Europa

Battata Virginiana fiue *Virginianorum*, & *Pappus*.
Potatoes of Virginia.

"Battata Virginiana" von John Gerard, 1597

Als Christoph Columbus 1492 zu seiner ersten großen Seereise über den Atlantik aufbrach, hoffte er darauf, in „Westindien" auf Gold, Silber, seltene Gewürze und andere Kostbarkeiten zu stoßen – die Entdeckung neuer Grundnahrungsmittel stand nicht auf der Agenda. Es nimmt daher nicht Wunder, dass die erste Generation der europäischen Entdecker und Konquistadoren keine Notiz von der im südamerikanischen Andenraum weit verbreiteten Kartoffelpflanze nahm, die dort seit Jahrhunderten von den einheimischen Völkern angebaut und veredelt worden war.

Die europäische Geschichte der Kartoffel beginnt eigentlich erst gut zwei Generationen nach Columbus. Erste schriftliche Erwähnungen der Pflanze finden sich in der zweiten Hälfte des 16. Jahrhunderts in den Berichten spanischer Chronisten über die Eroberung Perus. Diese Schriften weckten das Interesse der europäischen Gelehrten, die neu entdeckten überseeischen Pflanzenarten naturwissenschaftlich und medizinisch zu untersuchen. Erste Nachrichten über die Kultivierung der Kartoffel jenseits ihres Ursprungs finden wir um 1562 auf den kanarischen Inseln, auf dem europäischen Festland sind um 1570 in Spanien die ersten Pflanzungen nachweisbar.

In England gab es die Kartoffel spätestens im Jahr 1596, als der bedeutende Botaniker John Gerard sie in dem Katalog der Pflanzen seines privaten Gartens in der Nähe von London verzeichnete. Gerard war es auch, der 1597 in seinem epochalen Werk „The Herball or Generall Historie of Plantes" die erste europäische Abbildung einer Kartoffelpflanze veröffentlichte. Dass der legendäre englische Pirat Francis Drake (1540-1596), einer der Helden der Seeschlacht gegen die spanische Armada, die Kartoffel schon knapp zwei Jahrzehnte zuvor nach England gebracht und dort heimisch gemacht habe, ist wohl nur eine Legende. Wirkungsmächtig und romantisch genug immerhin, um Drake als einem „Vater der Kartoffel" sogar in Deutschland ein Denkmal zu errichten: Der Straßburger Bildhauer Andreas Friedrich (1798-1877) war in seiner Heimatstadt mit seinem Drake-Denkmal auf Ablehnung gestoßen. Die nahegelegene badische Stadt Offenburg jedoch nahm 1853 das Werk an, das den großen Seefahrer mit einer blühenden und knollentragenden Kartoffelstaude in der Hand zeigt. Über einem Fries aus Kartoffeln zeigte der Sockel des Denkmals die Inschriften „Sir Francis Drake, Verbreiter der Kartoffel in Europa. Im Jahre des Herrn 1596 / Dem bitteren Mangel steuert die köstliche Gottesgabe als den Armen Hilfe gegen Not / Der Segen von Millionen Menschen, die den Erdball bebauen, Dein unvergänglicher Nachruhm / Dem Schöpfer und Stifter des Standbilds Andreas Friedrich aus Straßburg,

Andreas Friedrich, Denkmal Francis Drake
in Offenburg, 1939 zerstört

der Dank der Stadt Offenburg, 1853". Dass die historischen Quellen diese hymnische Würdigung Drakes als
„Verbreiter der Kartoffel" nicht beweisen können, hat der
Popularität des Denkmals als „Erdäpfel-Mann" keinen
Abbruch getan – dass Drake allerdings Engländer war,
war während des nationalsozialistischen Regimes Grund
genug, um das Offenburger Denkmal 1939 durch die SA
zerstören zu lassen.

Ihre europäische Karriere begann die Kartoffel wegen
ihrer schönen Blüten als Zierpflanze. Die Faszination
durch die Entdeckungen in der „Neuen Welt" erfasste
auch diejenigen Fürsten der Renaissance und des Barock,
die im Gegensatz zu Spaniern, Engländern und Nieder-
ländern nicht selbst an den Eroberungen in Nord- und
Südamerika teilhaben konnten. In ganz Europa wett-
eiferte man darum, in botanischen Gärten besonders
seltene Exoten aus Übersee kultivieren und den Stan-
desgenossen präsentieren zu können. Um die Mitte des
17. Jahrhunderts ist die Kartoffel auch in Deutschland
in vielen repräsentativen Gartenanlagen nachweisbar –
etwa 1647 im fränkischen Pilgramsreuth oder 1649 im
Berliner Lustgarten. In den hohen Norden gelangte die
Pflanze damals allerdings noch nicht – in der bedeutends-
ten Gartenanlage nördlich der Elbe, dem Gottorfer Neu-
werkgarten, den Herzog Friedrich III. ab 1637 nördlich
seines Schleswiger Schlosses anlegen und mit zahlreichen
exotischen Pflanzen bestücken ließ, gab es nach Ausweis
des 1649-59 erstellten akribischen Pflanzeninventars im
„Gottorfer Codex" von Hans Simon Holtzbecker noch
keine Kartoffeln.

Abgesehen von ihren dekorativen Werten hatte die Kartoffel unter den Früchten der neuen Welt zunächst einen
schweren Stand. Im Gegensatz zu Tabak oder der – bota-
nisch eng verwandten – Tomate bot die Kartoffel mit
ihren eher unspektakulären Knollen weit weniger Anlass,
bei europäischen Potentaten spontane Begeisterung aus-
zulösen. Ihr Weg bis zur Etablierung im europäischen
Agrarspektrum war deshalb besonders lang und verschlungen. Dass die reifen Samenbeeren der Kartoffel
ungenießbar und nur die unterirdischen Knollen zum
Verzehr geeignet sind, hat dazu einiges beigetragen – so
gravierend, wie es manche Legenden darstellen, war dieses Problem allerdings nicht. Die deutsche Wortfindung
„Kartoffel" leitet sich immerhin vom italienischen „tartu-
fulo" ab, also vom Trüffel. Dass sich das eigentlich Inte-

ressante der Kartoffelpflanze unter der Erde befindet, ist in dieser Benennung bereits enthalten. Auch die meist später entstandenen regionalen Namen wie „Tuffeln", „Grundbeere" oder „Mäusle" spielen mehrheitlich auf das Unterirdische der Knollen an. In Österreich und Frankreich ist „Erdapfel" bzw. „pomme de terre" bis heute die Standardbezeichnung. In anderen europäischen Sprachen lebt dagegen die ursprüngliche Benennung der amerikanischen Ureinwohner für die (Süß-)Kartoffel fort: papa. Die seefahrenden Entdeckernationen der Spanier, Portugiesen und Italiener sprechen daher bis heute von der patata oder batata, die Engländer vom potato.

Süßkartoffel im Querschnitt

Süßkartoffeln (sweet potatoes) wachsen in den Tropen, einige auch in Spanien. Diese Bataten gehören nicht wie unsere heimischen Kartoffeln zu den Nachtschattengewächsen sondern zu den Windengewächsen. Sie bilden längliche rötliche Knollen, das Fruchtfleisch ist mehlig und süß. Sie sind vielfältig in der Zubereitung und werden z.B. mit Zimt, Muskatnuss oder Piment genossen.

Den großflächigen Anbau von Kartoffeln als Nahrungsmittel haben Engländer noch im 17. Jahrhundert in Irland begonnen. Die Anspruchslosigkeit der Pflanze selbst bei kargen Böden, die einfache Ernte und die vergleichsweise hohen Erträge waren wesentliche Argumente dafür. Auf dem europäischen Festland setzte sich die Kartoffel allerdings erst in der zweiten Hälfte des 18. Jahrhunderts durch.

Vom Kartoffelbefehl zum Kartoffelprobst

Die Anfänge des Kartoffelanbaus in Schleswig-Holstein

Zu Zeiten Friedrichs des Großen (1740-86) lag das preußische Herrschaftsgebiet zum überwiegenden Teil weit östlich der Elbe, mit den Herzogtümern Schleswig und Holstein gab es nicht einmal eine gemeinsame Grenze. Dieser Umstand hatte für die Menschen im Norden ohne Zweifel den Vorteil, dass sie von den zahlreichen militärischen Unternehmungen des kriegerischen Preußenkönigs nicht berührt wurden – im Staate Dänemark war das 18. Jahrhundert eine weitgehend friedliche Zeit. Was allerdings die Verbreitung der Kartoffel angeht, so fehlte in Schleswig-Holstein ein Herrscher, der diese Feldfrucht so energisch propagierte, wie es Friedrich II. für Preußen tat. Bis heute ist dieser für die Einführung der Kartoffel kaum weniger bekannt als für seine Taten als Feldherr. Friedrich war davon überzeugt, durch den großflächigen Anbau der vergleichsweise anspruchslosen und hohe Erträge liefernden Feldfrucht die Nahrungsmittelversorgung in seinem Staat erheblich verbessern zu können – und als absolutistischer Herrscher hatte er die Möglichkeit, seine Überzeugung zum Wohl seiner Untertaten durchzusetzen, notfalls auch gegen deren Vorbehalte. „Wo nur ein leerer Platz zu finden ist, soll die Kartoffel angebaut werden... Übrigens müßt ihr es beim bloßen Bekanntwerden der Instruction nicht bewenden, sondern durch die Land-Dragoner und andere Creißbediente Anfang May revidieren lassen, ob auch Fleiß bey der Anpflantzung gebraucht worden...", heißt es in Friedrichs „Circular-Ordre" von 1756, die als „Kartoffelbefehl" in die Geschichte eingegangen ist. Neben solchen Verordnungen soll der König sogar psychologische Maßnahmen eingesetzt haben, um die Knollen bei der anfangs sehr skeptischen Bevölkerung populär zu machen. Nach einer gern erzählten Anekdote hat Friedrich die ersten Kartoffelfelder im Berliner Umland zum Schein von königlichen Soldaten bewachen lassen, um die Bauern auf die neue, offenbar sehr kostbare Feldfrucht neugierig zu machen.

Eine derartig massive Förderung von Seiten der Obrigkeit erfuhr die Kartoffel in Schleswig-Holstein nicht. Zwar wissen wir, dass in Schwansen bereits 1750 Kartoffeln angebaut wurden, als Grundnahrungsmittel verbreitete sich die Frucht aber zunächst nur langsam. Ein wichtiger Impuls kam durch Einwanderer ins Land: 1759-1762 hatte der dänische König Friedrich V. (1746-1766) in Süddeutschland „Kolonisten" anwerben lassen, die die weitgehend menschenleeren Flächen der schleswigschen Geest urbar machen sollten. Mehrere tausend Zuwanderer kamen ins Land – allerdings gelang es nur wenigen, sich an den zugewiesenen kargen Siedlerstellen

Robert Warthmüller - Der König überall 1886

eine dauerhafte Existenz aufzubauen. Der von den sogenannten „Pfälzern"
mitgebrachte Kartoffelanbau immerhin etablierte sich nun allmählich im
Lande.

Hinzu kam, dass die Kartoffel in den 1760er Jahren einen wortmächtigen
Unterstützer bekam: den Glücksburger „Kartoffelprobst" Philipp Ernst Lüders (1702-1786). Lüders, auf Gut Freienwillen in Angeln geboren, war
nach seinem Theologiestudium im Jahr 1730 zum Glücksburger Hofpre-
diger und 1755 zum Probst der glücksburgischen Probstei Munkbrarup
berufen worden. Parallel zu seinem Beruf als Geistlicher zeigte Lüders zeit-
lebens ein ausgeprägtes Interesse für alle Fragen der Landwirtschaft: Vor
allem seit den 1750er Jahren entfaltete er eine rege Publikationstätigkeit
und veröffentlichte mehrere Bücher sowie über fünfzig Abhandlungen

Philipp Ernst Lüders, 1702-1786

16

Drei-K-Böden für die Kartoffel

Jeder Schleswig-Holsteiner weiß, dass sich das „Land zwischen den Meeren" in drei Hauptlandschaftszonen teilt, von denen die Geest die Mitte bildet. Geest steht für „güst", kommt aus dem Friesischen und heißt so viel wie unfruchtbar. Im Zeichen moderner Bodenbewirtschaftung gilt das allerdings nur noch bedingt. Die Bauern auf der Geest haben – nicht zuletzt mit Hilfe der Kartoffel als Hackfrucht – sehr viel getan, um ihre Böden zu verbessern. Dabei ist es keine hundert Jahre her, als sie noch in dem Ruf standen, arme bedauernswerte Leute zu sein, was den besser situierten Berufskollegen im Hügelland und in der Marsch Anlass gab, auf sie herabzusehen. Die kargen Sanderböden, auf denen die „Geestkerle" ackerten, nannten sie 3-K-Böden: Die taugten nur für Kiefern, Kartoffeln und Karnickel. Und hätte König Friedrich V., als die Dänen hierzulande noch das Sagen hatten, nicht die ansiedlungswilligen Kolonisten aus den vom Siebenjährigen Krieg heimgesuchten sonnigen Wald- und Weinbaugebieten West- und Süddeutschlands herbeigerufen, die Kartoffel hätte auf der schleswig-holsteinischen Geest erst viel später ihren segensreichen Einzug gehalten.

Friedrich V. hatte geschäftstüchtige Werber auf die Reise in den Süden geschickt, damit sie ansiedlungswillige Familien anheuerten, die die güsten Heideflächen auf der Geest urbar machen und in Ackerland verwandeln sollten. Mit ihrer Hilfe, ihrem Fleiß und den Abgaben, die sie später zu entrichten hätten, wollte die Regierung in Kopenhagen die Staatsfinanzen aufbessern und „Dänemark zum Aufblühen bringen". Dass das ganze Unternehmen nur halbwegs gelang, hat die Kopenhagener Obrigkeit sich weitgehend selbst zuzuschreiben. Ihre Werber hatten den Ansiedlungswilligen zuviel versprochen, ihnen von einem Land vorgeschwärmt, wo Milch und Honig fließen. Stattdessen fanden die Siedler, trotz staatlichen Beistands, im Norden so harte Bedingungen vor, dass etliche von ihnen scheiterten und das „öde Land, auf dem sie schwarzes Brot essen und Gottes Erdboden brennen" mussten, bald wieder verließen.

Gut über die Runden kamen jedoch meist diejenigen unter den Zugereisten, die erkannt hatten, dass sich diese Böden vorzüglich für den Anbau der mitgebrachten Kartoffeln eigneten. Die ansässigen Bauern dagegen, die den Kartoffelanbau weiterhin mit Skepsis beobachteten, sahen sich um ihre Ressourcen an Heide- und Moorflächen gebracht und dachten nicht daran, den Fremden Hilfe anzubieten. So entstand eine feindselige Haltung gegenüber den Siedlern, die ihnen zusätzlich das Leben schwer machte. Dennoch: Es ist das Verdienst der von den Einheimischen geringschätzig „kartoffeltyskere" (Kartoffeldeutsche) genannten Kolonisten, für die Ausbreitung der Kartoffel gesorgt zu haben, einer Ackerfrucht, die für die Geestlandwirtschaft noch eine lebenswichtige Rolle spielen sollte.

Erich Thiesen

zu allen erdenklichen Aspekten der modernen Landwirtschaft. 1763 gehörte Lüders zu den Gründern der „Königlich Dänischen Ackerakademie", einem losen Zusammenschluss von Bauern, Lehrern und Pastoren, die den Erfahrungsaustausch über neuartige landwirtschaftliche Produktionsweisen befördern sollte. Einer von Lüders' zentralen Reformvorschlägen war die Einführung neuer Ackerfrüchte, der er 1760 auch sein erstes größeres Buch widmete: „Kurzes Gespräch zwischen einem Landmann und einem Prediger, worinn die Materie vom Lein

Potatos Hopffen- und Kleverbau abgehandelt wird". Der Titel zeugt von Understatement – die nicht weniger als 928 Fragen und Antworten des Werks erläutern detailliert die Vorteile der verschiedenen Pflanzen und die richtigen Anbaumethoden. Was die Kartoffel angeht, setzte Lüders noch mehr als sein Zeitgenosse Friedrich der Große auf psychologische Kunstgriffe statt auf Zwang, um die der Kartoffel gegenüber skeptisch eingestellte Bevölkerung zu überzeugen: „Er [der Landmann] thut am besten, daß er einige [Kartoffeln] des Abends, wenn er beym Feuer sitzt, in der Asche bratet und ohne Anpreisung in der Stille speiset, so werden die Kinder und Dienstboten bald lüstern werden, es eben so zu machen." Auch in einem weiteren Punkt berücksichtigte Lüders die Mentalität der schleswigschen Bauern: Die Saatkartoffeln verteilte er nämlich kostenlos. Sein Engagement machte ihn weit über Angeln hinaus als „Kartoffelprobst" bekannt.

Dank dieser Grundlagen verbreitete sich der Kartoffelanbau seit Ende des 18. Jahrhunderts auch in unseren Breiten immer mehr. 1843 waren Kartoffeln bereits ein so zentrales Grundnahrungsmittel geworden, dass die schweren Ernteausfälle durch die Kartoffelfäule in den Herzogtümern zu einer ernsten Hungerkrise führten. Diese aus Nordamerika eingeschleppte Pflanzenkrankheit führte in den 1840er Jahren vielerorts in Europa zu schweren Missernten – am katastrophalsten in Irland, wo die Große Hungersnot von 1845 bis 1849 gut eine Million Menschen – über zwölf Prozent der Bevölkerung – das Leben kostete.

In der Zeit der Industrialisierung wurde die Kartoffel zum Volksnahrungsmittel schlechthin – tatsächlich wäre der starke Anstieg der Bevölkerung seit der zweiten Hälfte des 19. Jahrhunderts ohne ein solch nahrhaftes, preiswertes und lagerfähiges Nahrungsmittel kaum denkbar gewesen. Den absoluten Höhepunkt erreichte der Kartoffelanbau in den Notzeiten nach dem Zweiten Weltkrieg, als ein gutes Achtel der schleswig-holsteinischen Ackerfläche mit Kartoffeln bepflanzt war. Seit den 1960er Jahren nahm die Bedeutung für die heimische Landwirtschaft allerdings stark ab; heute dient nur noch etwa 1% des Ackerlands dem Kartoffelanbau. Wie schon seit Lüders' Zeiten liegt der regionale Schwerpunkt dabei auf der Geest mit ihren sandigen Böden; Frühkartoffeln werden auch in den Marschen angebaut.

Harte Arbeit auf dem Feld in den 1950er Jahren

Mittagspause – eine deftige Stärkung zwischen der anstrengenden Arbeit

19

Warum weinst du, holde Gärtnersfrau?

Es war 1945, wenige Wochen vor Kriegsende. Flüchtlingstrecks strömten nach Schleswig-Holstein, um hier Schutz vor den anrückenden Sowjets zu finden. Mit diesem Strom kam auch die Bauernfamilie Suckow aus Hinterpommern auf einen Hof in Angeln. Auf dem Kutscherbock saß im schwarzen Paletot ein von dicken Decken umhüllter alter Mann mit rotem Gesicht hinter einem Drei-Tage-Bart, die Pferdeleine in den großen, dicken Fäusten. Neben ihm hatte eine von den Strapazen der gefährlichen und entbehrungsreichen Fahrt gezeichnete Frau mittleren Alters Platz genommen. Und hinter den beiden kauerten im Stroh, blass und verhärmt, aber mit erwartungsvollen Blicken zwei kleine Mädchen und ein kleiner Junge. In der Wagenmitte standen zwei Bottiche, einer mit ein paar Speckseiten, der zweite mit Kartoffeln, und hinten hatten sie neben einigen Holzscheiten eine kleine Brennhexe aufgestellt zum Kochen und Braten von Kartoffeln.

Opa Suckow spannte erleichtert die von Schweiß glänzenden Pferde aus und führte sie einzeln in den Stall, wo für sie schon Platz geschaffen war. Die sonst für Holsteiner vorgesehenen Boxen reichten allerdings kaum aus für diese schweren Pferde. Am Stalleingang lag, geschützt vor winterlicher Kälte, ein Haufen lehmbeschmutzter Kartoffeln. Beinahe wäre Opa Suckow darüber gestolpert, und dann seine erste Frage (in pommerschem Platt): „Bauen Sie hier auch Kartoffeln an, hier auf dem Lehmboden?" Die bejahende Antwort zauberte ein Lächeln auf das Gesicht des alten Pommernbauern. Und dann: „In Pommern ziehen wir auf sandigen Böden Kartoffeln, ich glaube die besten in Deutschland!" Ja, Opa Suckow war ein Kartoffelfan, wie sich sehr bald bestätigte. Eine seiner ersten Tätigkeiten, die um diese Zeit anfielen, führte ihn dann auch in den Kartoffelkeller. Der unten im Wohnhaus lagernde, auch für die vielen Flüchtlinge und Vertriebenen auf dem Hof reichende Vorrat musste von Zeit zu Zeit auf faule Früchte durchsortiert werden, und diese Arbeit liebte Opa Suckow. Dort, mitten zwischen den Kartoffeln, war er in seinem Element. Und wenn es aus dem Keller tönte: „Warum weinst du holde Gärtnersfrau …?", das einzige Lied, von dem er alle Strophen kannte, dann hieß es: „Opa Suckow ist wieder am Kartoffelnsortieren".

Opa Suckow lebte weitgehend von Speisen mit Kartoffeln und Speck, war nie krank und wurde 90 Jahre alt.

Erich Thiesen

Kartoffeln vor
die Säue

Die Erkenntnis, dass die Kartoffel ein vielseitiges und schmackhaftes Nahrungsmittel ist, setzte sich bei den Bewohnern Norddeutschlands im 18. Jahrhundert erst ganz allmählich durch. Aber auch Nutztiere wie Kühe und Schweine, bei denen sich eine Winterversorgung mit Kartoffeln anbot, schienen zunächst ihre Schwierigkeiten mit dem ungewohnten Futtermittel zu haben. Philipp Ernst Lüders schrieb 1760 in seiner Abhandlung „Kurzes Gespräch zwischen einem Landmann und einem Prediger, worinn die Materie vom Lein Potatos Hopffen und Kleverbau abgehandelt wird" über die Schweinemast: „Sie essen sie denn nicht so gerne, insonderheit, wenn sie eines bessern gewohnt gewesen. Man muß sich aber daran nicht lehren, sondern sie hungern lassen, so wird alle Kost süße." Auch die Qualität des Schweinefleisches leide nicht unter der Zufütterung von Kartoffeln, fährt Lüders fort. Der Speck bleibe weiterhin „fest und schmackhaft" und sei nicht von „Korn-Speck" zu unterscheiden. Im Übrigen sei anderen Tieren, wie z.B. den Gänsen, Enten und Hühnern die Kartoffel sogar ungemein schmackhaft: „...es ist alles sehr begierig darnach, wenn ein Brey daraus gemacht." Kühe schließlich fräßen sogar das auf den Äckern stehende Kartoffelkraut ausnehmend gern, berichtet Lüders weiter.

Auch in der Folgezeit tauchten in landwirtschaftlichen Fachbüchern, den sogenannten „Leitfäden" und „Rathgebern" immer wieder Berichte auf, wie man Kühen und Schweinen Kartoffeln verabreichen könne, welche Beigaben wie Getreide, Mehl, Spreu oder Rüben unterzumischen seien und ob man dem Vieh die Feldfrüchte eher roh oder gekocht vorsetzen solle. Je nach Autor wurden damit unterschiedliche Prognosen für die Auswirkungen auf Milchertrag und Fleischleistung sowie die Tiergesundheit verknüpft. Alexander von Lengerke gab in seinem 1826 erschienenen zweibändigen Werk „Die Schleswig-Holsteinische Landwirtschaft" beispielsweise folgenden Hinweis: „Mit Kartoffeln werden die Kühe nur in einzelnen Holländereien gefuttert. Man giebt sie ihnen dann, ohne sie zu waschen, jedoch nachdem man sie vorher mit einer Harke von aller Erde möglichst befreit, ganz vor, indem man die sehr großen beim Verfuttern ein wenig mit dem Fuße quetscht, und solche werden von ihnen mit so großer Begierde genossen, dass ein lautes Gebrüll im Viehhause entsteht, sobald diese Futterung von ihnen gewittert wird."

Dem Bauern standen unterschiedliche Gerätschaften zur Verfügung, mit denen die Kartoffel zur Verfütterung vorbereitet werden konnte. So nutzte man beispielsweise Kohlstampfer mit kreuz- oder s-förmig gestalteten Klin-

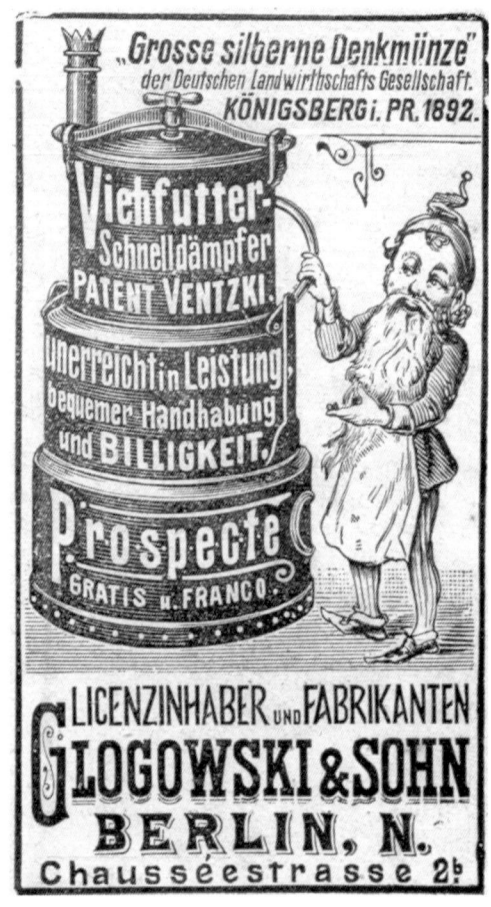

Landwirthschaftliches
Wochenblatt No. 6, 1896

De Dämper kümmt

„De Dämper kümmt!" hieß es, wenn das Ungetüm, das einer Dampfmaschine ähnelte, von einem Bulldog gezogen, durchs Dorf zum Einsatz auf die Höfe fuhr. Dann sammelten sich die Jungs und liefen laut gestikulierend hinterher. Der Dämpfer landete auf dem Hof, wo man zu diesem Zweck einen in die Erde gelassenen Langsilo hatte bauen lassen. Unmittelbar daneben wurde der platziert, damit das gedämpfte Kartoffelgut direkt in den Silo gekippt werden konnte. Uns Jungen bescherte dieser Tag, denn ein ganzer Tag ging darüber hin, viel Spaß. Nicht allein, weil wir mal „Kartoffeln satt" essen konnten, mehr noch, weil man uns erlaubte, im daneben liegenden Obstgarten Äpfel und Birnen zu pflücken und sie ganz oben unter den Deckel des Dämpfkessels zu legen. Nach kurzer Zeit waren die Früchte gar, und wir konnten uns nun an „Bratäpfeln", eigentlich Kochäpfeln, sowie an gekochten Birnen gütlich tun, die uns an „Birnen, Bohnen und Speck" erinnerten, ein bei den Erwachsenen beliebtes, von uns Jungen weniger geschätztes Gericht. Die Wartezeit bis zur Kochreife wussten wir gut zu überbrücken. Wir halbierten die meist ziemlich großen rohen Kartoffeln mit dem Taschenmesser, schnitten Buchstaben hinein, hielten die Stempelseite kurz zum Trocknen an den Feuerungsdeckel des Dämpferkessels, um dann, nachdem wir die Kartoffelhälfte leicht in Altöl getaucht hatten, unsere Namen auf Pappe zu drucken. Das Ergebnis war ein hervorragender Kartoffeldruck.

Erich Thiesen

gen und einem langen Holzstiel auch zum groben Zerkleinern der Futter-
kartoffeln. Verbreitet waren die in zahllosen Variationen angebotenen Kartoffeldämpfer. Bereits 1760 hatte Lüders darauf hingewiesen, dass die Tiere
gekochte Kartoffeln gegenüber rohen bevorzugten, eine Ansicht, die sich
gerade für die Schweinefütterung allgemein durchsetzte. Die Futterdämpfer
bestanden in der Regel aus einem großen Metallkessel mit darunter instal-
lierter Feuerungsanlage. Die in diesem Großbehälter gedämpften Kartoffeln
wurden anschließend häufig zu Kartoffelmus gequetscht, wobei auch gern
etwas Buttermilch beigemengt wurde. Für diesen Arbeitsgang nutzte man
eine sogenannte „Kartoffelquetsche", wie sie beispielsweise 1896 in einer Wer-
beanzeige im „Landwirthschaftliche[n] Wochenblatt für Schleswig-Holstein"
abgebildet ist: Die vorab in einen Metalltrichter gefüllten Kartoffeln wurden
mithilfe einer Handkurbel zerquetscht und durch einen Rost gedrückt. Das
Ergebnis war Kartoffelmus, welches man in den Futtertrögen der Schweine
verteilen konnte. Den Sinn des aufwendigen Verfahrens beschrieb 1911 ein
„Ratgeber bei Wahl und Gebrauch landwirtschaftlicher Maschinen" folgen-
dermaßen: „Die Kartoffelquetschen sollen die gedämpften Kartoffeln verdau-
licher machen, da die Kartoffeln, ganz und heiß von den Tieren verschlungen,
ihre Gesundheit beeinträchtigen."

Allerdings bot sich das Dämpfen der Kartoffeln genauso unter dem Aspekt
der Haltbarmachung an. So konnten die weichgekochten Kartoffeln auch in
einem Silo gelagert werden, statt sie sofort zu verfüttern. Unter luftdichter
Abdeckung setzte eine milchsaure Gärung ein und verwandelte die Feldfrucht
in ein haltbares Futtermittel, das im Winter nach Bedarf entnommen werden
konnte. Besonders beliebt war dieses Verfahren in der ersten Hälfte des 20.
Jahrhunderts. Über geschmackliche Vorlieben oder Abneigungen der Tiere ist
hier allerdings nichts ruchbar geworden, wenngleich diese Frage die Tierhalter
auch heutzutage noch bewegt. Aus zahlreichen Einträgen auf Webseiten und
Internetforen lässt sich nachvollziehen, das z.B. Schweine eine gute Kartoffel
nach wie vor zu schätzen wissen, wie man aus folgendem Kommentar abzu-
lesen vermag: „Eine Kartoffel oder Erbsen schmecken ja auch 1000 mal besser
als Heu ..."

Landwirthschaftliches Wochenblatt für
Schleswig-Holstein No. 44, 1896

Harte Schale,
schmackhafter Kern

Küchenhilfsgeräte
für die Kartoffel

Cook it, wash it, peel it or forget it" – so lautet der hygienische Rat in den meisten Reisehandbüchern, wenn es um Urlaubsaufenthalte in Entwicklungsländern geht. Die Idee dahinter: Nur was gründlich gewaschen, geschält oder gekocht wurde, ist für einen unbedenklichen Verzehr geeignet. Dieser Leitspruch ließe sich auch auf die Kartoffel übertragen, denn er deutet einige der wesentlichen Verarbeitungsschritte an. Und es kommen weitere dazu, etwa das Schneiden, Zerteilen, Raspeln, Reiben, Dämpfen, Stampfen und Pürieren. Für jeden dieser Zwecke hat die Metallwarenindustrie eine Fülle von Haushaltswerkzeugen und -geräten erdacht, die der Hausfrau das Leben erleichtern sollten.

Das einfachste Hilfsmittel ist das Messer, unabdingbar zum Schälen der Kartoffel vor dem Kochen oder zum Pellen danach. Auch zum Zerteilen der

Kartoffelschälen

Knolle oder zum Herausschneiden von Schadstellen wird es benötigt. Überhaupt: Das Kartoffelschälen! Was wurde nicht alles unversucht gelassen, um diesen ungeliebten Arbeitsgang sicherer, schneller und effizienter zu machen. Ein frühes Beispiel ist die Etablierung des „Kartoffelschälers". Allein die Firma „Wilhelm Schröder", ein in Thüringen ansässiger Industriebetrieb für Kleineisenwaren aller Art, bot in ihrem Katalog aus den 1930er Jahren diesen nützlichen Küchenhelfer in nicht weniger als 19 unterschiedlichen Varianten an. Der Vorteil der Geräte liegt auf der Hand: Die Schale der Kartoffel ließ sich gleichmäßig dünn entfernen, zudem wurden die Hände geschont. Noch erfolgreicher war der 1947 von Alfred Neweczerzal international patentierte „Sparschäler". Bei diesem in vielfacher Millionenauflage produzierten Gerät war die Schneidklinge beweglich aufgehängt, was die Bedienbarkeit erheblich verbesserte. Kleine Glaubenskriege entspinnen sich allerdings bis heute um die Frage, ob die Variante mit längs- oder querliegender Klinge zu bevorzugen sei (natürlich die Erstgenannte!).

Weitere Schritte zur Mechanisierung des Kartoffelschälens folgten, viele Erfindungen erwiesen sich aber zumindest für den Privathaushalt als Irrwege der Technik, weil Aufwand und Nutzen in keinem vernünftigen Verhältnis standen. So bot die Küchenmaschinen-Fabrik „Jupiter" in den 1930er Jahren eine „Kartoffel- und Obstschälmaschine" an, welche ein wenig an eine klassische Drehbank erinnerte: Die Kartoffel wurde auf einen Dorn gesteckt und durch das Drehen einer Handkurbel an einem scharfen Schälmesser vorbeigeführt.

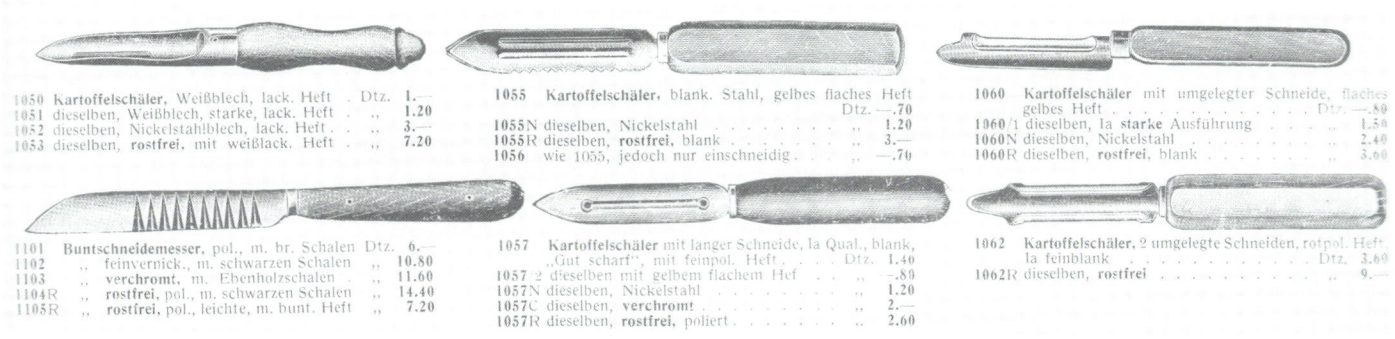

Kartoffelschäler aus der Fabrik Schröder

Der zeitliche Aufwand für Auf- und Abbau der Maschine sowie das eher gemächliche Schältempo empfahlen sie jedoch nicht für größere Aufgaben. Interessanter, wenn auch nicht für jeden Haushalt geeignet, war da schon die Kartoffelschälmaschine aus dem Hause Alexanderwerk. Das ausladende

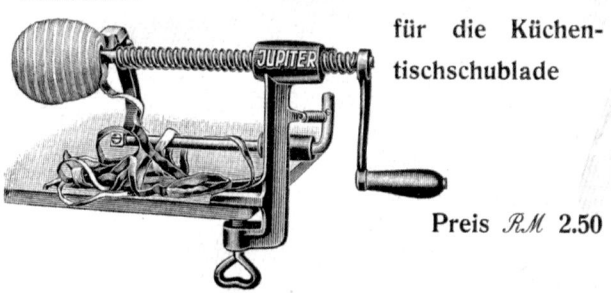

Kartoffel- und Obst-Schälmaschine

rotlackiert

für die Küchen-
tischschublade

Preis *RM* 2.50

Kartoffelschälmaschine Jupiter

Nutzer des Gerätes erst später. Der Wasserverbrauch des Küchenhelfers war immens und führte zumindest bei dem im Museum erhaltenen Exemplar dazu, dass das Gerät so gut wie nie benutzt wurde.

Ökonomischer war eine Kartoffelschälmaschine der Firma Bosch aus den 1950er Jahren. Eigentlich handelte es sich dabei um ein Zusatzgerät für die Bosch Küchenmaschine, das aus einer innen mit rauem Belag versehenen Schüssel und einer am Boden der Schüssel zu befestigenden

Kartoffelschälmaschine Alexanderwerk

Gerät, empfohlen für „größere Haushaltungen, Gutsküchen, Restaurants, Speiseanstalten, Pensionen, Hotels usw." vermochte zwei Kilogramm Kartoffeln in einer knappen Minute zu schälen. Die Maschine wurde mittels einer Handkurbel angetrieben, war aber auch in einer Variante mit Elektromotor erhältlich. Von der gleichen Firma stammte ein Unikum, das sich im Industriemuseum Elmshorn erhalten hat: Die Kartoffelschälmaschine „Orbis" überraschte in den 1950er Jahren mit progressiver Formgebung und neuen Materialien: Stellte man das rot-weiße Kunststoffgerät mit der Plexiglaskuppel in den Spülstein, erweckte es auf den ersten Blick den Eindruck, ein kleines Raumschiff sei in der Küche niedergegangen. Dabei war die „Orbis" nur der letzte konsequente Schritt zur Vollautomatisierung des Kartoffelschälens und arbeitete mit Wasserdruck, der die Kartoffeln an der rauhen Innenoberfläche entlangführte: „Sie füllen die schmutzigen Kartoffeln einfach aus dem Vorratsbehälter in die Orbis, drehen den Wasserhahn auf und in wenigen Minuten ist der tägliche Bedarf an Kartoffeln gewaschen und appetitlich sauber geschält." Dass der technische Fortschritt auch seine Schattenseiten hatte, merkten die

schleifpapierartigen Schälscheibe bestand. Nach Zugabe von bis zu zwei Kilo Kartoffeln und einem Liter Wasser wurde die Küchenmaschine in Gang gesetzt. Der Schälvorgang dauerte zwei bis vier Minuten. Der Umstand, dass das Gerät nach jedem Einsatz mühsam gereinigt werden musste und auch der stolze Kaufpreis von 58 DM

Kartoffelschälmaschine der Firma Bosch
aus den 1950er Jahren

dürfte einer weiten Verbreitung im Wege gestanden haben. Das galt umso mehr, als bereits die Küchenmaschine selbst mit stattlichen 325 DM in der Preisliste von 1956 verzeichnet war. Immerhin vermittelte die Gebrauchsanleitung sehr überzeugend, wie kinderleicht man sich die Bedienung der Kartoffelschälmaschine vorstellte.

Mit dem Schälen der Kartoffel ist natürlich erst einer von mehreren Arbeitsgängen erledigt. Weitere Betätigungsfelder für Maschinenfabriken und Eisenwarenhändler taten sich auf. Sollten z.B. die ungekochten Kartoffeln zu Puffern, Klößen oder Suppen verarbeitet werden, bot sich für diesen Zweck der Kauf einer einfachen Kartoffelreibe an, wie sie die Blech- und Drahtwarenfabrik Moritz Richter in ihrem Katalog von 1931 auflistete. Wer es komfortabler bevorzugte, für den empfahl sich die „Rohkartoffel-Reibemaschine" der Küchenmaschinen-Fabrik „Jupiter", die eine Variante des altbekannten Fleischwolfs darstellte. Und auch für die bereits erwähnte elektrische Küchenmaschine von Bosch konnte man zusätzlich diverse Schneid-, Raspel- und Reibscheiben erstehen. Das Preisverzeichnis listete für dieses Sonderzubehör unbarmherzig folgende Tarife auf: Schneid- und Schnitzelgerät: 32 DM, Kartoffelreibscheibe: 9,50 DM, Schnitzelscheibe für Pommes Frites: 14 DM. Auch hier zeigte sich, dass für zunehmende

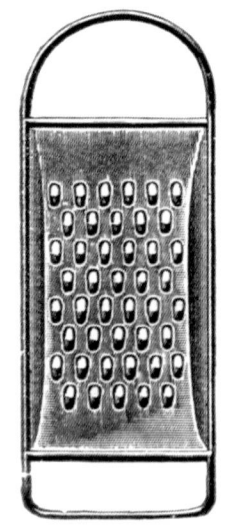

Kartoffelreibe der Firma Richter 1931

Rohkartoffelreibemaschine Jupiter

Bequemlichkeit im Haushalt stets auch ein Preis zu bezahlen war, was Anschaffung und Antriebsenergie anging. Sparfüchse konnten aber auch immer noch auf den „Pommes-Frites-Schneider" der Metallwarenfabrik

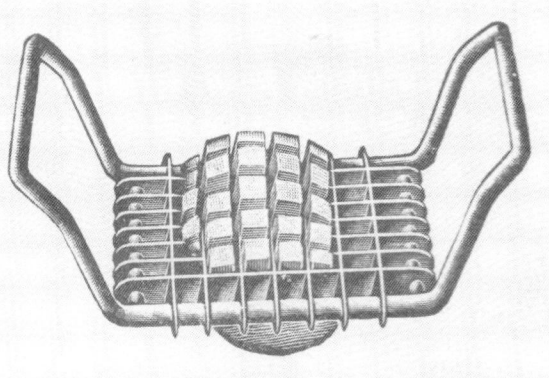

Pommes-frites-Schneider

Coupe pommes-frites — Pommes-frites-cutter

Corta pommes-frites

34

Nr. 34   feuerverzinnt . . . . ьer Stück RM. —.70

Pommes-Frites-Schneider
Firma Weissflog 1937

Paul Weissflog zurückgreifen, der schon in einem Katalog von 1937 preiswert angeboten wurde.

Genau wie heute verstanden Industrie und Handel es aber auch damals schon ausgezeichnet, verborgene Bedürfnisse der Kunden zu wecken oder solche erst zu induzieren. Zwei Beispiele: Obwohl sich Kartoffeln umstandslos in jedem beliebigen Kochtopf kochen lassen, bot so gut wie jede auf Küchengeräte spezialisierte Metallwarenfirma mindestens einen sogenannten „Kartoffelkocher", „Kartoffeldämpfer" oder „Kartoffelsieder" an, meist als mehrteilige Töpfe mit Siebeinsätzen konstruiert. So auch die Aluminium-Werke Göttingen mit ihrer Küchengeräte-Serie „Mia", deren Produkte über eine Vertretung in Neumünster zu erstehen waren. Enthusiastisch heißt es im Umschlagteil des vermutlich um 1930 erschienenen Katalogs: „Man sagt, der Seifenverbrauch messe den Kulturgrad. Ebenso kann die Verwendung von Aluminium den Fortschritt der Zivilisation beweisen."

Ähnlich verhielt es sich mit der speziellen „Kartoffelpürée-Passiermaschine" von „Jupiter". Sie diente einzig und allein dem Zweck, aus gekochten Kartoffeln Püree herzustellen, dafür kostete das Gerät immerhin 35 Reichsmark.

Spezial-Kartoffelpürée-Passiermaschine Nr. 200
große Ausführung

für größere Haushalte, Wirtschafts- und Hotelküchen,

liefert blendendweißen schaumigen Pürée, kein Zähwerden mehr!

Mit Aufsatztrichter und langem Holzstössel

Preis ℛℳ 35.—

Kartoffelpassiermaschine der Firma Jupiter

Kartoffeldämpfer

Für den genügsameren Privatanwender genügte natürlich ein simpler Kartoffelstampfer, wie ihn jeder Haushaltswarenhandel variantenreich anbot. Hier konnte die Werbung ob des Fehlens technologischer Highlights deutlich einfacher und direkter ausfallen: „prima Ware" heißt es da im Katalog der Metallwarenfabrik Richter lediglich oder „1a feuerverzinnt". Das beste Werbeargument war hier jedoch der Preis: Dieser lag deutlich unter einer Reichsmark das Stück!

Kartoffelstampfer
mit ff. poliertem Holzgriff, Hochglanzverzinnung, prima Ware

Nr. **307/1** Länge 40 cm
Nr. **307/2** Länge 45 cm

Kartoffelstampfer
mit runder, gelochter Blechplatte, Ia feuerverzinnt, mit poliertem Holzheft

Nr. **500/1** Länge 38 cm
Nr. **500/2** Länge 45 cm

Kartoffelstampfer der Firma Noss & Co., 1949

Die Kartoffel
im Schulunterricht

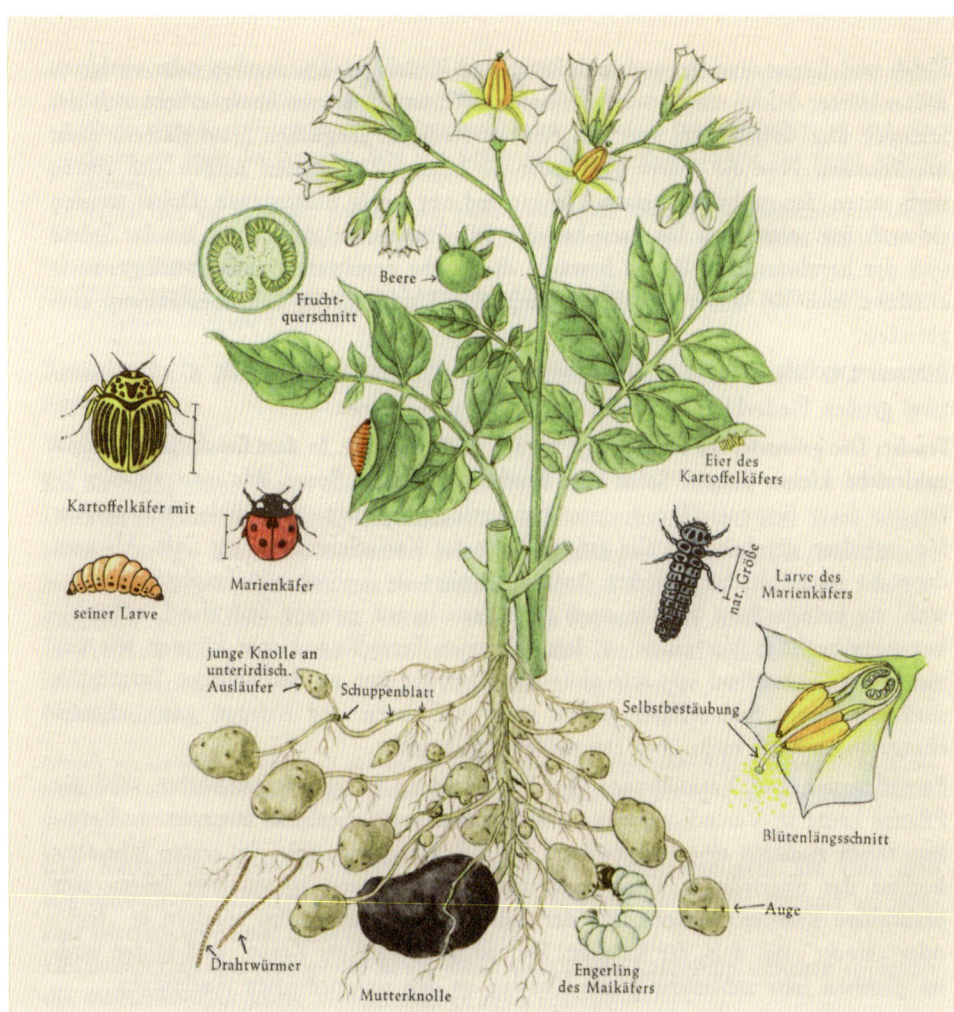

Mit dem Erfolg der Kartoffel, auf dem Acker und in der Küche, wurde sie zwangsläufig auch ein unverzichtbarer Gegenstand des Schulunterrichts. In Fächern wie Erdkunde oder Wirtschaftskunde wurde beispielsweise auf den wirtschaftlich-ökonomischen Wert der Pflanze hingewiesen: „Unter den Hackfrüchten nimmt die größten Flächen die Kartoffel ein. Ihre Erzeugung ist so reichlich, dass hierdurch der deutsche Bedarf vollständig befriedigt wird" konstatiert ein Erdkundebuch „für Lyzeen und höhere Mädchenschulen" von 1913. Auch die Schulbücher der folgenden Jahrzehnte brachten den Schülern vorrangig die geographische Lage der deutschen Anbaugebiete, die erzielten Erträge und den durchschnittlichen Verbrauch des Nahrungsmittels „Kartoffel" nahe.
Biologiebücher bemühten sich naturgemäß um andere, wenngleich nicht weniger wichtige Aspekte: Woran erkenne ich eine Kartoffelpflanze? Wie vermehrt sie sich? Welche Schädlinge setzen ihr zu? Solche und ähnliche

Kartoffelkäfer in der Schulfunkmappe
von 1953

Fragen beantwortete ein Pflanzenkunde-Buch von 1963 und fügte gleich noch einige Arbeitsanweisungen wie diese hinzu: „Lege in einer Frostnacht eine Kartoffel ins Freie und koche sie dann am nächsten Tag. Wie hat sich ihr Geschmack verändert?" Im gleichen Schulbuch werden die Kinder auch mit Informationen zur Kulturgeschichte der Nutzpflanze versorgt: „Sie stammt aus dem Gebirgsland von Peru in Südamerika und wird erst seit dem 17. Jahrhundert bei uns angepflanzt. Merkwürdig klingt es, dass sie zunächst als Zierpflanze nach Spanien gebracht wurde. Wir übersehen heute meist über dem Nutzen, den uns die Knollen bringen, wie hübsch die Kartoffelblüten sind."

Vor allem in den 1950er und 60er Jahren erhielten die Lehrer mediale Unterstützung durch den Schulfunk, der den Kindern Bildungsinhalte auf neue Art zu vermittelte. Auch dort kam man um das Thema „Kartoffel" nicht herum: In der Reihe „Von großen und kleinen Tieren" die der NWDR jeweils Dienstagvor- und nachmittag ausstrahlte, widmete man sich im Sommer 1953 den Kartoffelkäfern. Die zur Sendung erhältliche Fotomappe präsentierte den schaudernden Schulkindern einen gefräßigen Schädling im Anflug, bei der ungebremsten Massenvermehrung und bei seinen verhängnisvollen Fressaktivitäten. Konzipiert waren die oben genannten Sendungen, an die sich heute noch mancher Erwachsene zurückerinnert, für die Schuljahre vier bis acht.

Aber schon weitaus früher hatten Schulkinder mit der Kartoffel weniger theoretische als vielmehr „praktisch-handgreifliche" Erfahrungen machen müssen – sind die heutigen Herbstferien doch aus den sogenannten „Kartoffelferien" hervorgegangen. Der Begriff „Ferien" führt jedoch in die Irre, da keineswegs die Freizeitaspekte im Vordergrund standen. Den Ablauf einer solchen mehrwöchigen Erntekampagne schilderte anschaulich Franz Rehbein in seiner Erinnerungen an „Das Leben eines Landarbeiters" Ende der 1870er Jahre: „Es war Herbst geworden. Der ‚Kartoffelkrieg' sollte beginnen. [...] Die Arbeit auf dem Felde bot mir auch insofern eine angenehme Abwechslung, als ich während dieser Zeit der strammen Schulzucht enthoben war. [...] Schon in der Schule hatten die Lehrer bekannt gegeben, dass wer von uns jetzt einen guten Groschen verdienen wolle, sich dort und dort melden könne. [...] Alle erhielten wir nun unsere Kartoffelreihen angewiesen; die Erwachsenen zwei, wir Kinder je eine [...] . Jeder hatte nun seinen Korb oder seine Kiepe vor sich und durchwühlte mit den Händen fleißig die von der Pflugschar umgelegten Stauden, um die Knollen aufzulesen. [...] Im Kartoffelkrieg waren [...]Lumpen [...] gut genug, zumal wir auf einsamem Felde hausten und den ganzen lieben langen Tag immer auf den Knien kriechen mussten."

Lang waren die Erntetage für die oft erst acht- oder neunjährigen Kinder tatsächlich: Arbeitszeiten zwischen Sonnenauf- und Sonnenuntergang waren eher die Regel als die Ausnahme, den Hinweg zum und den Rückweg vom Acker noch nicht einmal eingerechnet.

Der Lohn war indes verlockend, und für viele Familien war die Arbeitsleistung der Kinder unabdingbar. Zusätzlich gab es für jeden Helfer ein vorher festgelegtes Kontingent an Kartoffeln für den eigenen Bedarf. Ungeachtet aller Mühen verblieben vielen Kindern vor allem die positiven Seiten jener Absammelaktionen im Gedächtnis: Die wohlverdienten gemeinsamen Mahlzeiten auf dem Feld etwa oder auch die aus dem Kartoffelkraut entzündeten Feuer, in denen sich die Erdäpfel vorzüglich garen ließen.

Dass die Kombination „Kind/Kartoffelernte" auch knapp 90 Jahre nach Rehbeins „Erinnerungen" noch nichts von ihrer Aktualität verloren hatte, verdeutlicht neben den eingangs erwähnten Schulbüchern ein gängiges Schulwandbild der 1960er Jahre, das idealtypisch die Arbeitsgänge der Kartoffelernte veranschaulicht: Zwar müssen die Kinder und Jugendlichen jetzt nicht mehr das Kartoffelkraut beiseite schaffen und die Kartoffeln aus der Erde kratzen – beides erledigt auf dem Schulwandbild ein damals hochmoderner Kartoffelroder – trotzdem sind sie immer noch an den Ernteaufgaben beteiligt, sammeln auf dem Schulwandbild die Kartoffeln und legen sie in entsprechende Erntekörbe. Wie eh und je wird anschließend das Kartoffelkraut verbrannt, werden die geernteten Kartoffeln in größeren

Kartoffelferien

Das Kartoffelnsammeln war – vor sechzig oder siebzig Jahren – nicht nur harte, körperliche Arbeit, sondern hatte durchaus auch gute Seiten. Es gab im Oktober, wenn die Ernte anstand, noch richtige „Kartoffelferien". Ursprünglich bekamen nur die Bauernkinder schulfrei, weil die Arbeit ohne sie nicht zu schaffen war. Später durften alle Schulkinder mit auf den Kartoffelacker, in Kriegszeiten mussten sie das sogar. Was jetzt Druck machte, war nicht mehr die Schule, das waren nur noch der Roder und die Strecke, die man bis zu seiner Rückkehr abzusammeln hatte. Auch wenn abends der noch junge Rücken schmerzte, im Gedächtnis geblieben ist der Spaß, den alle beim Kartoffelnsammeln hatten. Schon beim Verteilen der großen, mit zwei Griffen versehenen Körbe bemühten sich die Jungs, eine möglichst flotte Sammelpartnerin zu erhaschen. Und was sich neckt, das …bewarf sich auch schon mal mit Kartoffeln. Wehe, es war eine faule darunter – der Gestank! Und schließlich war auch ein bisschen Taschengeld nicht zu verachten.

Manchmal abends nach getaner Arbeit, vor allem aber am Ende der Saison begann der Spaß erst richtig. Dann gab's „Kartoffelfeuer": Das zusammengeharkte und aufgehäufte trockene Kartoffelkraut wurde mit Knickholz vermischt und angezündet. Es brannte wie Zunder und wärmte an kalten Oktobertagen. Wenn nur noch die Glut übrig war, wurden die frischen Knollen hineingeworfen, und bald hieß es: Wer holt die Kartoffeln aus dem Feuer? Natürlich drängelten sich darum die Jungs. Was die dann herumreichten, das waren die leckersten Kartoffeln, die man je gegessen hatte.

Erich Thiesen

Schulwandbild „Kartoffelernte", 1960er Jahre

Wagen und Anhängern abtransportiert und schließlich das eben abgeerntete Feld mit Hilfe von Pflug, Egge und Sämaschine neu kultiviert. Dass letzteres mit einem zeitgemäßen Maschinenpark geschieht, dürfte gerade die Jungen unter den Schulkindern besonders fasziniert haben.

Wer nun meint, heutzutage würden die Kinder der Knolle indes nur noch in Form von Pommes oder Kartoffelbrei auf dem Speiseplan der Schulkantine begegnen, der irrt glücklicherweise. Bereits vorher, in Kindergarten oder Grundschule, neigen naturnah agierende Pädagogen dazu, den Kindern die Vorzüge des Kartoffeldrucks zu vermitteln, einer ebenso einfachen wie beliebten Kulturtechnik. Im Internet lässt sich dazu beispielsweise folgende Gebrauchsanweisung finden:

„Der Kartoffeldruck ist ein Hochdruckverfahren, da die Farbe auf den Erhö-
hungen des Druckstocks (Kartoffel) haftet. Dieses Verfahren ist sehr preis-
günstig. Man benötigt eine Kartoffel, ein spitzes Küchenmesser, kreative
Abenteuerlust und im Ernstfall ein Heftpflaster. Das Motiv wird in die glatte
Oberfläche einer halbierten Kartoffel geschnitzt und ringsherum freigestellt.
Danach muss die bearbeitete Kartoffel ein wenig abtrocknen. Das Drucken
erfolgt stempelartig freihand. Als Druckfarbe wird je nach Bedruckstoff Tex-
tilfarbe, Tinte, Stempelfarbe oder Linolschnittfarbe verwendet.“

Schnapsideen

Hochprozentiges aus Kartoffeln

Die Idee, dass sich aus Kartoffeln auch alkoholische Getränke wie Branntwein, Wodka oder Aquavit herstellen lassen, ist nicht neu. Verschiedene Quellen gehen davon aus, dass um 1750 in der Pfalz die erste Kartoffelbrennerei
entstand, die Branntwein zunächst in kleinerer Menge produzierte. Da der
Beginn des feldmäßigen Kartoffelanbaus in Schleswig-Holstein erst relativ
spät erfolgte, überrascht es nicht, dass auch der Kartoffelschnaps seine Zeit
brauchte, um in unseren Gefilden heimisch zu werden. So bemerkt beispielsweise Alexander von Lengerke in seinem zweibändigen Werk über „Die
Schleswig-Holsteinische Landwirtschaft" 1826 nur lakonisch: „Der aus Kartoffeln gebrannte Branntwein will hier nicht recht in Aufnahme kommen."
Sehr lange dauerte es allerdings nicht mehr, bis sich dieses Bild nachhaltig

Pistoriusscher Destillierapparat
(Franz Reuleaux 1886)

änderte: Die guten Anbaumöglichkeiten für Kartoffeln in Norddeutschland
sorgten für ergiebige Erträge, die sich in einem moderaten Preisniveau wider-
spiegelten. Mithin eignete sich die Feldfrucht vorzüglich auch als günstiges
Rohmaterial zur Destillation von Alkohol. Während die Zahl der Brenne-
reien, die Kartoffeln weiterverarbeiteten, rasch wuchs, sank gleichzeitig der
Preis für die hochprozentigen Spirituosen. Der durchschnittliche Brannt-
weinverbrauch pro Person und Jahr vervierfachte sich in Preußen im Laufe
einer Generation seit 1800 annähernd.
Ausgeschenkt wurde das billige Getränk in Kneipen und Gaststätten, ebenso
verbreitet war es, dass „Schnaps" an Arbeiter in der landwirtschaftlichen

Gasthaus in Kellinghusen, um 1900

oder industriellen Produktion verabreicht wurde, sei es als Deputat oder zur Steigerung der Arbeitsmoral. Darstellungen dazu gibt es immer wieder: So beschreibt beispielsweise Franz Rehbein in seinen Erinnerungen an „Das Leben eines Landarbeiters", wie von den Tagelöhnern, die gegen Ende des 20. Jahrhunderts in Norddithmarschen an der Dreschmaschine arbeiteten, schon frühmorgens der erste „Kööm" auf leeren Magen getrunken wurde – gefolgt von vielen weiteren, die man im Abstand von zwei bis drei Stunden ausschenkte.

Als seit Mitte des 19. Jahrhunderts die Auswirkungen des ungebremsten Alkoholkonsums immer deutlicher wurden, sprach man auch von der sogenannten „Branntweinpest". Aktenkundig wurden eine ganze Reihe von Vorfällen, die mit Alkoholmissbrauch zu tun hatten. So ist beispielsweise von pöbelnden und herumlungernden Arbeitslosen die Rede, und während des Baus des Nord-Ostsee-Kanals

drohte man ohne Umschweife, „trunkfällige, widerspenstige und rauflustige" Arbeiter zu entlassen.

Dass sich im Gegenzug nicht nur in Norddeutschland Abstinenzlervereinigungen gründeten, um Mäßigung und Enthaltsamkeit zu propagieren, kann deshalb nicht verwundern. Das Guttempler-Museum in Mildstedt stellt heute einige Facetten dieser Geschichte dar. Rein zufällig war Mildstedt auch der Sitz einer gegen Mitte des 19. Jahrhunderts errichteten Kartoffelsprit-Fabrik, die gut ein halbes Jahrhundert lang produzierte, bis sie einer Brandstiftung zum Opfer fiel.

Doch auch in den größeren Städten des Landes war die Herstellung von Branntwein verbreitet und gehörte zu den einträglichen Geschäften. Die Stadtchronik Itzehoes berichtet davon, wie 1820 insgesamt 284 Tonnen Branntwein von 24 Brennern hergestellt und anschließend in die umliegenden Regionen verkauft wurden. Die beim

Werbepostkarte der I.O.G.T. (International Organization of Guttemplars), Anfang des 20. Jahrhunderts

Wenn auch im 20. Jahrhundert die absoluten Hochzeiten des günstigen Volksgetränks „Kartoffelschnaps" vorbei zu sein schienen, wurden auch in jüngeren Zeiten noch entsprechende Produktionsanlagen in Schleswig-Holstein errichtet, so z.B. in Marne, wo man 1951 die schon länger existierende Bierbrauerei um eine Kartoffel- und Kornbrennerei ergänzte. Das bei den Konsumenten mittlerweile andere Vorzüge des Getränks im Vordergrund standen, verdeutlicht ein Blick auf das Etikett des „Hamburger Michel"-Aquavit von der Brennerei H.C. Asmussen in Bargteheide, der heute leider nicht mehr hergestellt wird: „Immer Eisgekühlt Geniessen" lautete die Aufforderung und als positive Eigenschaften werden die leichte Bekömmlichkeit, der würzige Geschmack und die Milde auf der Zunge genannt.

Heutzutage gehört Schnaps auf Kartoffelbasis eher zu den Besonderheiten, nach denen man im Laden ein wenig suchen muss. Je nach Marketingkonzept kommt er entweder gewollt altmodisch-rustikal oder in modernem, klarem Gewand daher.

Der Eckernförder Spirituosenhersteller Behn zum Beispiel füllt seinen Kartoffelschnaps Marke „Bauerngold" in altertümlich wirkende, braune Keramikflaschen. Vom Etikett grüßt ein reetge-

Kartoffelschnaps des Spirituosenherstellers „Behn"

Brennvorgang anfallenden Rückstände konnten anschließend noch vorzüglich als Mastfutter in der Tierhaltung verwendet werden.

Als schließlich 1887 das Branntweinsteuergesetz verabschiedet wurde, konnte auch der Staat angemessen mitverdienen. Die Spirituosen verteuerten sich dadurch so erheblich, dass auch das Ziel einer Eindämmung des Alkoholismus zumindest teilweise erreicht wurde.

Neben den offiziellen Destillen gab es Schwarzbrennereien, die versuchten, das seit 1922 bestehende Branntweinmonopolgesetz zu umgehen. Einen Hinweis darauf gibt z.B. ein Schreiben, das der damalige Landrat des Kreises Plön Ende November 1945 an die Gemeinden sandte: „Die Militärregierung hat festgestellt, dass die unerlaubte Destillation von Branntwein mehr und mehr zunimmt. Es ist deshalb angeordnet, dass bis auf weiteres alle Fälle wegen Besitz oder Betrieb von unerlaubten Destillationen der Gerichtsbarkeit deutscher Gerichte entzogen sind."

decktes Fachhallenhaus, eingerahmt von Fliesen mit nie-
derländischen Motiven. Ein Stück Stoff – wie aus einem
groben Kartoffelsack geschnitten – krönt das Ensemble
und verdeckt schamhaft den modernen Verschluss. Alles
wirkt hier ländlich, erdig, bodenständig.

Die entgegengesetzte Designphilosophie vertritt der
Aquavit „Kieler Sprotte": Golden schimmert das Getränk
durch die klare Glasflasche, das schwarze Etikett zieren
eine Sprotte und die Umrisse der Kieler Förde. Hergestellt wird der Aquavit unter Verwendung von Kieler
Wasser, Dill und Kümmel sowie Alkohol auf Kartoffel-
und Getreidebasis in der Kieler Spirituosen-Manufaktur.
Regionaltypisch und gleichzeitig weltläufig, modern und
gleichzeitig traditionsbewusst – so gibt sich der entfernte
Urahn der Kartoffel in diesem Umfeld. In Anlehnung an
den ungleich bekannteren „Linie-Aquavit", der fast fünf
Monate lang in Eichenfässern reift und dabei einmal um
die halbe Welt geschippert wird, macht auch hier jede
Flasche eine Seereise. Allerdings gibt man sich in Kiel mit
einer symbolischen Variante zufrieden: Die Schiffsfahrt
an Bord der nachgebauten Kieler Hansekogge währt nur
kurz und führt einmal über die Kieler Förde und zurück,
vom Museumshafen bis zur Schwentinemündung.

Aquavit „Kieler Sprotte"

Schnapsbrennen als Kavaliersdelikt

In den ersten Nachkriegsjahren wurde ein Verbot sooft übertreten, dass es schon als Kavaliersdelikt galt. Das war das Schnapsbrennen. Und dies Gewerbe betrieben – jetzt darf man's ja verraten – auch Leute in einem kleinen Dorf in Angeln. Natürlich bemühten sie sich um Geheimhaltung. Doch wo ein Destillateur am Werken war, das wusste jeder. Auch der Dorfpolizist. Wenn Schnaps gebrannt wurde, schaute er weg oder hielt sich die Nase zu. Er war, außer im Dienst, ein kleiner Schluckspecht, und er wusste, dass man ihn – schon aus taktischen Gründen – bei der Schnapsausgabe nicht übergehen würde.
Zum Brennen nahm man gewöhnlich Zuckerrüben. Doch besser mundete den meisten der Stoff, der aus der Kartoffel kam. Vor allem, wenn er aus der Destille eines Spezialisten tropfte

Erich Thiesen

Kartoffelsorten

Festkochend- oder mehligkochend?

Kennen Sie die Situation? Sie stehen auf dem Markt oder im Supermarkt. Sie kaufen immer die gleiche Sorte. Doch warum gibt es so viele andere Sorten?

Kartoffelsalat oder Bratkartoffeln werden in Schleswig-Holstein aus festkochenden Kartoffeln hergestellt. doch Sie werden feststellen, wie lecker und vor allem vielseitig auch vorwiegend festkochende und mehlig kochende Kartoffeln sein können.

Auf die Lagerung kommt es an

Wenn Sie beim Landwirt oder Händler Ihres Vertrauens die richtige Kartoffelsorte gefunden haben, ist es wichtig, die Kartoffeln richtig zu lagern, bis sie verarbeitet werden. Die Lagerungszeiten hängen vom Erntezeitpunkt ab. Frühkartoffeln sind nicht lagerfähig und sollten nicht länger als 14 Tage aufbewahrt werden. Spätreifende Sorten haben eine feste Schale und eignen sich gut zum Lagern in einem 4-8°C kalten, trockenen, luftigen Raum. Diesen Raum haben heute viele Haushalte nicht mehr.

Bei den Landwirten ist es durch Belüftung und Kühlung möglich, die Ernte des Herbstes bis in den nächsten Frühsommer knackig zu halten. Direkt vor dem Verkauf werden diese Kartoffeln sortiert und gebürstet, um anschließend in verschiedene Verpackungen abgefüllt zu werden. Kartoffeln mögen es dunkel, sonst werden sie grün. Es bildet sich das Solanin, welches bei übermäßigem Verzehr zu Magenkrämpfen führt. Darum sollten grüne Kartoffeln nicht verzehrt werden.

Ist der Lagerraum unter 4°C kalt, werden sie süßlich, ist er über 10°C warm, treiben die Kartoffeln aus und möchten sich vermehren. Gewaschene Kartoffeln eignen sich nicht zum langen Lagern. Kartoffeln sollten nicht in Plastiktüten aufbewahrt werden, da sie dort schwitzen und verderben. In Papiertüten oder Tontöpfen mit Löchern können sich die Kartoffeln gut halten.

Afra

Deutschland 1990

Wegen ihres angenehm kräftigen Geschmacks und ihrer feinkörnigen Konsistenz ist Afra besonders für Suppen und Kartoffelteigrezepte geeignet.

Reifezeit:	**mittelfrüh**
Knolle:	**oval, flache Augen,**
	genetzte Schale, tiefgelbe
	Fleischfarbe
Kochtyp:	**leicht mehligkochend**
Verwendung:	**Püree, Kartoffelknödel, Gnocchi**

Allians

Frankreich 2003

Ihr aromatischer Geschmack und ihre gaumen-freundliche Konsistenz haben Allians schon mehrfach zur Siegerin von Kartoffeltestessen gemacht.

Reifezeit:	**mittelfrüh**
Knolle:	**langoval, flache Augen,**
	glatte Schale, tiefgelbes Fleisch
Kochtyp:	**festkochend**
Verwendung:	**vielseitige Speisekartoffel,**
	besonders gut als Salatkartoffel

Annabelle

Niederlande 2002

Annabelle ist sehr fein und zart im Geschmack. Sie lässt sich vielseitig verwenden und dunkelt nicht nach. In Deutschland wird Annabelle häufig angebaut.

Reifezeit:	**früh**
Knolle:	**länglich, mittel bis groß, gelbfleischig, glattschalig**
Kochtyp:	**festkochend**
Verwendung:	**Salz-, Pell-, Salat- und Bratkartoffel**

Asparges

Dänemark 1872

Die aus Dänemark stammende Spargelkartoffel ist eine alte Kartoffelsorte, die ausgereift sogar Gurkenausmaße erreichen kann.

Reifezeit:	**mittelfrüh bis spät**
Knolle:	**fingerlange Knollen, der Name stammt von der langen Form des Spargels**
Kochtyp:	**festkochend**
Verwendung:	**Salat- und Salzkartoffel, gut zum Braten und Backen**

Bamberger Hörnchen

Deutschland um 1870

Die fränkische Kartoffelrarität besitzt ein würzig-nussiges Aroma. Wegen ihrer außerordentlichen geschmacklichen Eigenschaften ist sie bei Spitzenköchen beliebt.

Reifezeit:	spät
Knolle:	hörnchenförmig, gelb-rosarote Schale, gelbes Fleisch
Kochtyp:	festkochend
Verwendung:	hervorragend für Kartoffelsalat aber auch zu Fisch- und Fleischspeisen sowie feinem Gemüse

Belana

Deutschland 2000

Belana besitzt einen kräftigen Kartoffelgeschmack und ist gut geeignet für Gerichte, bei denen ein Auseinanderfallen der Knollen unerwünscht ist.

Reifezeit:	früh
Knolle:	oval, flache Augen, glatte Schale, gelbes Fleisch
Kochtyp:	festkochend
Verwendung:	Salz-, Pell- oder Bratkartoffeln

Bintje

Niederlande 1910

Sehr beliebt ist Bintje in ihrem Herkunftsland.
Sie besitzt einen milden, cremigen Geschmack.

Reifezeit:	**mittelfrüh**
Knolle:	**langoval, groß, blank-gelbe Schale, flachliegende Augen, hellgelbes Fleisch**
Kochtyp:	**festkochend bis mehligkochend**
Verwendung:	**Back-, Püree- und Salzkartoffel; zur Herstellung von Pommes frites und Chips**

Blauer Schwede

unbekannt

Der Ursprung dieser alten Kartoffel ist unsicher. Das Fleisch
der Sorte ist violett, die Farbe der gekochten Kartoffel ändert
sich zu blau. Die Farbe bleibt intensiver, wenn die Kartoffel im
Mikrowellenherd oder Ofen zubereitet wird. Sie besitzt einen
kräftigen Kartoffelgeschmack.

Reifezeit:	**mittelfrüh**
Knolle:	**rundoval, blaue Schale, blaulila Fleisch**
Kochtyp:	**vorwiegend festkochend**
Verwendung:	**Salat-, Back-, Pell- oder Salzkartoffel**

Hansa

Deutschland 1957

Ein Klassiker unter den Kartoffelsorten. Hansa hat einen kräftigen, guten Geschmack und erfreut sich großer Beliebtheit.

Reifezeit:	mittelfrüh
Knolle:	langfallend, mittelgroß, flachliegende Augen, gelbes Fleisch
Kochtyp:	festkochend
Verwendung:	Salat-, Salz- oder Pellkartoffel

La Ratte

Frankreich 1872

Eine vielseitige Delikatess-Kartoffel mit einem vorzüglichen Aroma, welches sich kalt gegessen noch steigert.

Reifezeit:	mittelfrüh
Knolle:	länglich bis hörnchenförmig, gelbe Schale, flache Augen, gelbe Fleischfarbe
Kochtyp:	festkochend
Verwendung:	Salat-, Brat- oder Pellkartoffel, besonders gut zu Spargel

Laura

Deutschland 1998

Laura erkennt man sofort an ihrer roten Schale. Sie besitzt ein ausgewogenes Kartoffelaroma. Rotschalige Kartoffeln sollten immer geschält werden, da sonst die roten Farbpigmente in das gelbe Fleisch wandern.

Reifezeit:	**mittelfrüh**
Knolle:	**oval, flache Augen,**
	glatte rote Schale, tiefgelbes Fleisch
Kochtyp:	**vorwiegend festkochend**
Verwendung:	**gut für Pommes Frites oder als**
	Blechkartoffel

Leyla

Deutschland 1988

Als „Marzipan" unter den Kartoffeln gilt Leyla, die vor dem Verzehr nur gereinigt – nicht geschält – werden muss.

Reifezeit:	**sehr früh**
Knolle:	**langoval, flache Augen,**
	glatte Schale, tiefgelbes Fleisch
Kochtyp:	**vorwiegend festkochend**
Verwendung:	**für Salate, als Salz-, Brat- und**
	Pellkartoffel

Linda

Deutschland 1979

Ihr cremig-aromatischer Geschmack macht Linda zu einer der beliebtesten deutschen Kartoffelsorten. Nach langem Ringen ist ihr Anbau inzwischen wieder erlaubt.

Reifezeit:	mittelfrüh
Knolle:	oval, glattschalig, gelbe Schale, tiefgelbes Fleisch
Kochtyp:	festkochend
Verwendung:	Salat-, Salz-, Pell- oder Gratinkartoffel

Marabel

Deutschland 1993

Die Speisekartoffel für den Alltag wird in großen Mengen angebaut und findet sich in fast jedem Supermarkt oder Bioladen.

Reifezeit:	früh
Knolle:	oval, flache Augen, glatte Schale, gelbes Fleisch
Kochtyp:	vorwiegend festkochend
Verwendung:	Bratkartoffeln, Gratins, Kartoffelsalat

Princess

Deutschland 1998

Gut eignet sich Princess für Gerichte, bei denen die Kartoffel in Form bleiben muss und die helle Farbe erhalten bleiben soll.

Reifezeit: früh
Knolle: oval, gelbe Schale,
                hellgelbes Fleisch
Kochtyp: festkochend
Verwendung: Salatkartoffel

Sieglinde

Deutschland 1935

In Deutschland gilt Sieglinde gilt als Inbegriff der Kartoffel. Sie hat einen angenehm kräftigen Geschmack und eine feine Konsistenz.

Reifezeit: früh
Knolle: lang, nierenförmig, mittelgroß,
                gelbe Schale, flachliegende
                Augen, gelbes Fleisch
Kochtyp: festkochend
Verwendung: Salat-, Salz- oder Pellkartoffel

Kartoffelrezepte

Kartoffelrezepte

Wie vielseitig sich die Kartoffel einsetzen lässt, wird auf den nächsten Seiten deutlich.

Die Landfrauen Schleswig-Holstein und Sternekoch Dirk Luther haben eine große Bandbreite an Rezepten zusammengestellt und zubereitet. Von einfachen und rustikalen bis zu anspruchsvollen und raffinierten Rezepten findet sich für jede Gelegenheit das passende Kartoffelgericht.

Kartoffeln richtig kochen

Kochen Sie die „Zitrone des Nordens" immer mit wenig Wasser. Baden Sie das Gemüse nicht, sondern dämpfen es lieber. Die Kartoffeln sollten immer mit geschlossenem Deckel gekocht werden und nach der Ankochphase bei reduzierter Hitze weiter garen. Salzen Sie die Knollen nur wenig. Werden die Kartoffeln mit viel Kochsalz gegart, ist das Kalium der Kartoffel für den menschlichen Organismus nicht gut verfügbar. Gekochte Pellkartoffeln halten sich etwa 3 Tage im Kühlschrank. Es lohnt sich, öfter mal eine doppelte Menge zu kochen, dann geht es am nächsten Tag schneller mit der Zubereitung des Essens.

Für jedes Gericht die richtige Kartoffelsorte

Entgegen aller Gerüchte machen Kartoffeln nicht dick, es ist eher die Zubereitungsart, die die Kalorien bringt. Bei ca. 70 kcal pro 100 Gramm sind sie zum Beispiel mit Quark ideal zum Abnehmen.

Alle Kartoffelgerichte, bei denen dünne, feste Scheiben zum Einsatz kommen, wie z.B. Kartoffelsalat, Bratkartoffeln, Gratins, Rösti oder Pellkartoffeln benötigen festkochende Kartoffeln (Belana, Princess, Sieglinde oder Allians).

Bei Gerichten, in denen Kartoffeln die Beilage sind, Salzkartoffeln, Folienkartoffeln, aber auch Gratins, nimmt man vorwiegend festkochende Kartoffeln (die rotschalige Laura, Leyla, Linda, Marabel oder Princess).

Möchten Sie Püree, Knödel, Suppen, Eintöpfe, Klöße, Gnocchi oder Schupfnudeln herstellen, dann sollten Sie mehligkochende Kartoffeln verwenden (Afra oder Bintje).

Natürlich gibt es auch nicht alltägliche Sorten, die sie bei den Landwirten oder im Handel bekommen. Der Blaue Schwede ist hervorragend geeignet, um ein lilafarbenes Püree herzustellen. La Ratte, Asparges und auch die Bamberger Hörnchen sollte man als Pellkartoffeln essen. Aufgrund ihrer länglichen Form und auch ihrer Größe ist es schwierig sie zu schälen. Der Anbau dieser unförmigen Sorten ist aufwendig. Beim Pflanzen und bei der Ernte ist viel Handarbeit gefragt. Dadurch entstehen höhere Kosten bei der Produktion und somit auch im Verkauf.

In den folgenden Rezepten finden Sie jeweils eine Empfehlung zur Kartoffelart, z.B. mehlig oder festkochend, und zur Kartoffelsorte.

Die Mengen aller Rezepte sind, wenn nicht anders ausgezeichnet, für 4 Personen bestimmt.

59

Vorspeisen

Gnocchi in Edelschimmelkäsesoße

500 g mehlige Kartoffeln, z.B. Afra, Bintje

110 g Grieß

1 TL Salz

1 Ei

70 g Mehl

Salz

100 ml Sahne

200 ml Milch

1 TL Mehl

30 g Edelschimmelkäse

1 EL Schmelzkäse

Kartoffeln waschen, schälen, in leicht gesalzenem Wasser kochen, abgießen und fein stampfen. Den Grieß, 1 TL Salz, das Ei und das Mehl dazugeben und gut durchkneten. Aus dem Teig 2,5 cm dicke Rollen formen, von denen dann 1,5 cm breite Stücke abgeschnitten und mit einer Gabel leicht flachgedrückt werden.
In kleinen Portionen in einem Topf mit leicht siedendem Salzwasser gar ziehen lassen. Mit einer Schöpfkelle herausnehmen und warm stellen.

Sahne und Milch vermischen und mit dem Mehl verrühren. Erhitzen und den Edelschimmelkäse und den Schmelzkäse dazugeben. Eventuell mit Salz abschmecken.

Grüner Kartoffelsalat

Für 4–5 Personen

1 kg festkochende Kartoffeln,
z.B. Belana, Annabelle, Princess
2 rote Zwiebeln
1 Bund Dill
1 Bund Petersilie
1 Bund Schnittlauch
1 Knoblauchzehe
2 EL Weißwein-Essig
1 EL Zitronensaft
6–8 EL Öl (z.B. Rapsöl)
Salz
Pfeffer

Kartoffeln waschen, mit der Schale in wenig Wasser mit etwas Salz im geschlossenen Topf gar kochen, pellen und in Scheiben schneiden.

Zwiebeln pellen und würfeln. Dill, Petersilie und Schnittlauch waschen, abtropfen lassen und hacken. Knoblauchzehe durchpressen.

Weißwein-Essig, Zitronensaft, Knoblauch und Öl mit einem Schneebesen verrühren. Mit Salz und Pfeffer abschmecken. Kartoffeln und Zwiebeln darunterheben und alles mit den gehackten Kräutern vermengen.

Kartoffelsalat mit Äpfeln und Sellerie

Für 6–8 Personen

1 kg festkochende Kartoffeln,
z.B. Princess, Sieglinde, Allians
500 g Knollensellerie
2 EL mittelscharfer Senf
2 EL Sherry-Essig oder weißer Balsam-Essig
2 EL Zitronensaft
2 TL brauner Zucker
80 g frisch geriebener Meerrettich oder 2 EL aus dem Glas
120 ml Haselnuss- oder Walnussöl
4 EL Apfelsaft (naturtrüb)
500 g Äpfel (rotschalig)
20 g Haselnüsse (in Blättchen geschnitten)
1 Beet Kresse

Kartoffeln und Knollensellerie schälen, in etwa ½ cm große Würfel schneiden und jeweils getrennt ca. 8 Minuten in Salzwasser gar kochen. Danach beides abtropfen lassen.

Senf, Sherry-Essig bzw. weißen Balsam-Essig, Zitronensaft und braunen Zucker miteinander verrühren. Den Meerrettich in das Haselnuss- bzw. das Walnussöl und den Apfelsaft einrühren und diese Mischung dann nach und nach unter das Senf-Essig-Gemisch schlagen. Kartoffel- und Selleriewürfel noch lauwarm mit dieser Salatsoße vermengen.

Äpfel ungeschält vierteln, das Kerngehäuse herausschneiden und Apfelstücke würfeln. Die Apfelwürfel unter den Salat heben und diesen dann zugedeckt etwa 30 Minuten durchziehen lassen. Kresse abschneiden. Haselnussblättchen in einer Pfanne ohne Fett bei mittlerer Hitze goldbraun rösten. – Den Salat vor dem Servieren mit der Kresse und den Haselnussblättchen bestreuen.

Tipp: Dazu passen gekochte Eier oder geräucherte Putenbrustscheiben.

Kartoffel-Heringssalat

2 kg kalte festkochende Pellkartoffeln, z.B. Belana

2 Matjesfilets

1 Gewürzgurke

100–150 g eingelegte Rote Bete

1 Apfel

2 Zwiebeln

Pfeffer

Salz

etwas Rote-Bete-Saft

evtl. etwas Saure Sahne

Matjesfilets, Gurken und Rote Bete in Würfel schneiden und in eine ausreichend große Schüssel geben.

Kartoffeln pellen. Apfel vierteln und das Kerngehäuse herausschneiden. Zwiebeln pellen. Kartoffeln, Apfel und Zwiebeln dann ebenfalls würfeln und mit in die Schüssel geben. Alles gut vermengen. Mit Pfeffer und Salz würzen und mit etwas Rote-Bete-Saft befeuchten. Zugedeckt mindestens über Nacht durchziehen lassen.

Die Saure Sahne kann dann noch nach Belieben unter den Salat gerührt werden.

verkürzen und ihn zusätzlich kurz unter den Grill legen. Dazu schmeckt ein kleiner Feldsalat und etwas geröstetes Brot.

Kartoffel-Kürbiskern-Salat

1 kg festkochende Kartoffeln,
z.B. La Ratte oder Asparges
2 Eier
125 ml Gemüsebrühe
4 EL Obstessig
1 TL Senf
4 EL Kürbiskernöl
1 große Zwiebel
2 Gewürzgurken
2 große Bund gemischte Kräuter
Kräutersalz
Pfeffer aus der Mühle
2 EL Kürbiskerne

Kartoffeln waschen, mit der Schale in einem Topf mit wenig Salzwasser zugedeckt gar kochen, etwas abkühlen lassen, pellen und in Scheiben schneiden. Eier hart kochen, pellen und halbieren. Die Zwiebel und die Gewürzgurken schälen und würfeln. Die Kräuter waschen, abtropfen lassen und hacken.
Die Gemüsebrühe erwärmen und mit Obstessig, Senf und Kürbiskernöl verrühren. Kartoffelscheiben, Zwiebel- und Gewürzgurkenwürfel sowie die gehackten Kräuter damit vermischen, mit dem Kräutersalz und dem Pfeffer kräftig würzen und 2 Stunden kühl stellen.
Die Kürbiskerne grob hacken und über den Salat geben. Abschließend den Salat mit den halbierten Eiern garnieren.

Kartoffelsalat mit Mayonnaise

1 kg festkochende Kartoffeln, z.B. Sieglinde, Allians

2 kleine Zwiebeln

3 Essiggurken

2–3 EL Essig

1 Prise Zucker

Pfeffer

Mayonnaise (Zubereitung siehe unten)

Schnittlauchröllchen oder gehackte Petersilie

Die Kartoffeln waschen, mit der Schale in wenig Wasser mit etwas Salz im geschlossenen Topf gar kochen, abschrecken, abpellen und in Scheiben schneiden.
Die Zwiebeln pellen und fein würfeln. Die Essiggurken ebenfalls würfeln.

Mayonnaise:

1 Ei

1 EL Dijon-Senf

etwas Zitronensaft

250 ml Öl

evtl. etwas Crème Fraîche, Sahne oder Joghurt

Salz

Pfeffer

Curry oder Kurkuma

Das Ei in einen Topf geben. Senf und Zitronensaft hinzufügen und alles mit dem Handmixer schaumig rühren. Dann langsam das Öl einträufeln lassen. (Ist die Masse zu dick geworden, kann sie mit etwas Crème Fraîche, Sahne oder Joghurt verlängert werden.) Abschließend mit Salz, Pfeffer und Curry oder Kurkuma würzen. Mayonnaise mit Essig, Zucker und Pfeffer abschmecken und anschließend mit den Kartoffelscheiben, den Zwiebel- und Gurkenwürfeln vermengen. Den Salat etwa eine Stunde durchziehen lassen. Vor dem Servieren mit Schnittlauch oder Petersilie bestreuen.

Kartoffel-Käse-Salat

500 g festkochende Kartoffeln, z.B. Annabelle, Princess

1 rote Paprikaschote

200 g Leerdamer Käse

200 g Fleischwurst

2 EL Essig

1 EL Senf

Salz

Pfeffer

4 EL Öl

1 EL Schnittlauchröllchen

Kartoffeln waschen, mit der Schale in wenig Wasser mit etwas Salz im geschlossenen Topf gar kochen, abpellen und in Würfel schneiden.
Paprikaschote waschen, vierteln und entkernen. Käse, Fleischwurst und Paprika ebenfalls würfeln. Alle Zutaten in eine Schüssel geben und mit einer Marinade aus Essig, Senf, Salz, Pfeffer und Öl vermengen.
Vor dem Servieren mit den Schnittlauchröllchen garnieren.

Kartoffel-Meerrettich-Salat

800g festkochende Kartoffeln, z.B. Sieglinde, Belana

60 g frischer Meerrettich

100 g fein gewürfelte Zwiebeln

100 ml Weinessig

200 ml Gemüsebrühe

1 Prise Zucker

Salz

Pfeffer

1–2 TL Schnittlauchröllchen

Kartoffeln waschen, mit der Schale in wenig Wasser mit etwas Salz im geschlossenen Topf gar kochen, abschrecken, pellen und etwas abkühlen lassen.

Meerrettich schälen, grob würfeln und mit der Moulinette fein mahlen.

Zwiebelwürfel, Weinessig, Gemüsebrühe, Zucker, Salz und Pfeffer in einen Topf geben und ca. 3 Minuten köcheln lassen. Die Kartoffeln in dünne Scheiben schneiden und in eine ausreichend große Schüssel geben. Den Sud dazugießen und die Hälfte des Meerrettichs vorsichtig unterheben. 30–40 Minuten durchziehen lassen.

Die Schnittlauchröllchen und den restlichen Meerrettich kurz vor dem Servieren unter den Salat geben.

Tipp: Dazu schmeckt Kassler gut.

Pikanter Kartoffelsalat

Für 8–10 Personen

1,5 kg festkochende Kartoffeln, z.B. Annabelle, La Ratte

250 g Porree

2 säuerliche Äpfel (300g)

1 Dose (580 ml) Ananasstücke

200 g Schinkenspeck

7–8 EL Kräuteressig

ca. 125 ml klare Brühe

ca. 8 EL Ananassaft (s. Ananasdose)

Salz

weißer Pfeffer

1 Bund Schnittlauch

Kartoffeln waschen, in wenig Wasser mit etwas Salz im geschlossenen Topf gar kochen, pellen, in Scheiben schneiden und in eine ausreichend große Schüssel geben.

Porree putzen, waschen und in Ringe schneiden. Äpfel waschen, vierteln, Kerngehäuse entfernen und klein schneiden. Ananasstücke abtropfen lassen, dabei den Saft auffangen. Schinkenspeck würfeln. Den Schnittlauch waschen, trocken tupfen und klein schneiden.

Die Speckwürfel in einer Pfanne auslassen, herausnehmen und das Bratfett mit dem Kräuteressig, der klaren Brühe und dem Ananassaft ablöschen und aufkochen lassen. Dann den Porree kurz mitdünsten und anschließend alles über die Kartoffelscheiben gießen. Mit Salz und Pfeffer würzen. Die Speckwürfel sowie die Apfel- und Ananasstücke dazugeben und untermischen. Alles ca. 30 Minuten durchziehen lassen.

Abschließend den Schnittlauch über den Kartoffelsalat streuen.

Warmer Kartoffelsalat mit Kraut

500 g festkochende Kartoffeln, z.B. Asparges, Princess
500 g junger Weißkohl oder Chinakohl
Salz
3 EL Essig
1 Zwiebel
100 g fetter geriebener Speck oder geräucherter Bauchspeck
Pfeffer

Kartoffeln waschen und mit der Schale in wenig Wasser mit etwas Salz im geschlossenen Topf gar kochen.

Kohl in feine Streifen hobeln und in ¼ Liter Salzwasser kurz aufkochen (Kohlstreifen sollen nur glasig werden). Den Essig unterrühren und kurz durchziehen lassen. Dann den Kohl durch ein Sieb abgießen, das Wasser dabei auffangen.

Die Zwiebel pellen. Die Zwiebel und den Speck in Würfel schneiden. Speckwürfel in einem genügend großen Topf auslassen und die Zwiebelwürfel darin leicht anbräunen. Mit etwas Wasser ablöschen und dann mit dem Kohlwasser auffüllen.

Die noch warmen Kartoffeln pellen und in Scheiben schneiden. Kartoffelscheiben und Krautstreifen nacheinander mit dem Sud vermengen. Mit Salz und Pfeffer abschmecken. (Sollte noch Flüssigkeit fehlen, kann ein Brühwürfel in heißem Wasser aufgelöst und dazugegeben werden.)

Tipp: Passt gut zu Frikadellen.

Feine Kartoffelsuppe

Für 6–8 Personen

2 kg mehlige Kartoffeln, z.B. Afra, Bintje
2 Liter Brühe, frisch oder instant
½ Becher Schmand
½ Becher süße Sahne
2 EL Butter
Salz
Pfeffer
2 Stangen Porree
Krabben oder klein geschnittener Räucherlachs

Kartoffeln waschen, schälen, grob zerkleinern und in der Brühe gar kochen. Anschließend pürieren. Schmand, süße Sahne und Butter dazugeben und Suppe mit Salz und Pfeffer abschmecken. Porree putzen, waschen, in hauchdünne Ringe schneiden und dazugeben. Abschließend Krabben oder kleingeschnittenen Räucherlachs dazugeben.

Kartoffelsuppe
mit Büsumer Krabben, gerösteten Croûtons und Schnittlauch

von Dirk Luther

5 Schalotten

500 g mehlige Kartoffeln, z. B. Afra, Bintje

1/8 Sellerieknolle

1 Stange Lauch (=Porree)

60 g Butter

1 Liter klare Hühnerbrühe

1 Lorbeerblatt

Salz, Pfeffer

geriebene Muskatnuss

frischer Majoran

250 ml flüssige Sahne

2 EL Schnittlauchröllchen

4 EL geröstete Croûtons

120 g Büsumer Krabben

Schalotten pellen und würfeln. Kartoffeln und Sellerieknolle schälen, waschen und ebenfalls würfeln. Lauch putzen, abbrausen und nur den weißen Teil in kleine Ringe schneiden. Majoran waschen, abtropfen lassen und hacken.

Schalotten in 20 Gramm heißer Butter andünsten. Kartoffel-, Sellerie- und Lauchwürfel sowie das Lorbeerblatt dazugeben. Mit der Brühe auffüllen. So lange kochen, bis die Kartoffeln weich sind. Salz, Pfeffer, Muskatnuss und Majoran erst dazugeben, wenn die Kartoffeln gar sind. Das Lorbeerblatt herausnehmen. Die Sahne hinzufügen und unter Rühren erhitzen, aber nicht mehr kochen lassen!

Topf vom Herd nehmen. Suppe mit einem Mixstab pürieren und anschließend durch ein feines Sieb passieren.

Kurz vor dem Servieren die restliche Butter mit dem Mixstab unterrühren und noch ein letztes Mal abschmecken.

Die Suppe in vorgewärmte Teller füllen und mit Krabben, Schnittlauchröllchen und Croûtons verfeinern.

Beilagen

Aufgeblasene Kartoffeln (Pommes)

vorwiegend festkochende Kartoffeln (Menge nach Belieben)
Fett zum ‚frittieren‘
Salz

Kartoffeln waschen, schälen und in 1 cm dicke Scheiben schneiden. Kartoffelscheiben etwas ‚abtrocknen‘ lassen.
Das Fett in einem Topf erhitzen und die Kartoffelscheiben für einige Minuten darin frittieren (sie sollen sich aber kaum färben).
Kartoffelscheiben mit einer Schaumkelle herausnehmen und auf Küchenpapier legen oder in ein Sieb geben, um sie etwas abkühlen zu lassen.
Nach etwa 5 Minuten die Kartoffelscheiben ein zweites Mal in das siedende Fett geben – dieses Mal so lange, bis sie aufgegangen sind.
Dann wieder mit der Schaumkelle herausnehmen, etwas abtropfen lassen und nach Geschmack mit Salz bestreuen.

Béchamelkartoffeln

ca. 1 kg vorwiegend festkochende Kartoffeln, z.B. Leyla, Linda
1–2 Zwiebeln
40 g durchwachsener Speck
20 g Margarine
30 g Mehl
250 ml Wasser oder Brühe
250 ml Milch
Salz
1 Prise Muskatnuss, frisch gerieben

Kartoffeln waschen und mit der Schale in einem Topf mit wenig Salzwasser zugedeckt gar kochen.
Zwiebeln pellen. Speck und Zwiebeln in Würfel schneiden. Margarine in einem Topf erhitzen und die Speck- und Zwiebelwürfel darin glasig dünsten. Das Mehl darüberstäuben und das Wasser bzw. die Brühe und die Milch dazugießen. Mit Salz und Muskatnuss abschmecken.
Die noch heißen Kartoffeln pellen und in die Tunke geben.

Bohnenmus

1 kg Brechbohnen
750 g mehlige Kartoffeln, z.B. Afra, Bintje
Salz
100 g geräucherter Bauchspeck
250ml Milch
geriebene Muskatnuss
1 Bund Petersilie

Bohnen abfädeln, waschen und in Stücke brechen bzw. erforderlichenfalls die Enden abschneiden. Kartoffeln waschen und schälen.
Bohnen und Kartoffeln getrennt in Salzwasser gar kochen. Wasser abgießen. Bohnen mit den Kartoffeln zusammenstampfen. Milch erhitzen. Speck in einer Pfanne auslassen. Beides zu dem Kartoffel-Bohnen-Mus geben und alles nochmals stampfen. Mit Salz und Muskatnuss abschmecken.

Tipp: Dazu passen gewürfelter Schinken und/oder Spiegeleier.

Feine Herzoginkartoffeln

750 mehlige Kartoffeln, z.B. Afra, Bintje
50 g Butter
2 Eigelb
Salz
Pfeffer
1 Prise geriebene Muskatnuss
2 EL zerlassene Butter

Die Kartoffeln waschen, schälen, in wenig Wasser kochen, abgießen, abdampfen und durch eine Kartoffelpresse drücken.
Den Brei mit der Butter und dem Eigelb verrühren. Anschließend mit Salz, Pfeffer und Muskatnuss würzen und alles noch einmal gut miteinander vermengen.
Die Masse in einen Spritzbeutel mit Sterntülle füllen und auf ein mit Backpapier ausgelegtes Backblech zu Rosetten spritzen.
Die Rosetten mit der zerlassenen Butter bepinseln und im vorgeheizten Backofen bei 225 °C (Umluft 200 °C) etwa 10 Minuten knusprig backen.

Gefüllte Kartoffelröllchen

500 g mehlige Kartoffeln, z.B. Afra, Bintje

300 g Mehl

100 g geriebener Käse

2 Eier

1 Eigelb

Salz

Muskatnuss, frisch gerieben

200 g roher oder gekochter Schinken

1 Becher Frischkäse (Menge nach Belieben?)

Die Kartoffeln am Vortag kochen, pellen und fein zerdrücken. Mehl, Eier, Salz, Muskat und geriebenen Käse mit den Kartoffeln zu einem Teig verkneten, ausrollen und in Rechtecke schneiden. Frischkäse mit gewürfeltem Schinken vermischen und auf die Teigplättchen verteilen.

Diese zu Röllchen, Taschen oder Hörnchen formen, mit verquirltem Eigelb bepinseln, auf ein Backblech setzen und 20–30 Minuten bei 175 °C goldbraun backen.

Heiß oder lauwarm servieren.

Tipp: Die Kartoffelröllchen passen gut zu frischen Salaten oder auch zu einem Glas Rotwein.

Kartoffelbällchen

150 g mehlige Kartoffeln, z.B. Afra, Bintje

25 g Butter

2 Eigelb

25 g geriebener Käse

etwas Salz

Semmelmehl

Fett zum Ausbacken

Kartoffeln waschen, schälen, gar kochen und anschließend reiben. Die geriebenen Kartoffeln mit der Butter, den 2 Eigelb, dem Käse und dem Salz vermischen und mit bemehlten Händen kleine Bällchen oder „Sofakissen" formen. Die Bällchen dann durch das Semmelmehl rollen und in heißem Fett schwimmend 12–14 Minuten goldbraun ausbacken.

Mit einer Schöpfkelle herausnehmen und unbedingt auf Küchenpapier abtropfen lassen.

Kartoffelbällchen können wie Kroketten verwendet werden.

Kartoffelbrei mit Kruste

1 kg mehlige Kartoffeln, z.B. Afra, Bintje
Salz
Pfeffer
1–2 Eigelb
75 g Butter
ca. 500 ml Milch
Semmelmehl

Die Kartoffeln waschen, schälen, in Salzwasser gar kochen und anschließend durch eine Kartoffelpresse drücken. Milch erhitzen. Salz, Pfeffer, 1 oder 2 Eigelb und 50 g Butter hinzufügen und dann die heiße Milch nach und nach unter den Brei rühren, bis dieser die richtige Konsistenz hat.
Den Kartoffelbrei in eine Backform aus Porzellan geben, mit Semmelbröseln bestreuen, einige Butterflöckchen darüberlegen und bei Oberhitze im Backofen bräunen.

Tipp: Dazu passen Fisch-, Fleisch-, Wurst- oder Eiergerichte.

Kartoffelbrot

1 kg Mehl Typ 1050
40 g Hefe
ca. 250 ml Buttermilch
1 EL Salz
1 Prise Zucker
1 tiefer Teller mit durchgepressten mehligen Kartoffeln
etwas Kartoffelmehl

Gegebenenfalls Römertöpfe rechtzeitig wässern.

Mehl in eine Rührschüssel geben. Hefe fein darüberbröckeln.
Buttermilch, Salz und Zucker dazugeben. Alle Zutaten mit den
Knethaken zu einem glatten Teig verrühren. (Dabei auf der kleins-
ten Schaltstufe beginnen und erst dann, wenn das Mehl nicht
mehr herausstäubt, auf eine höhere Einstellung umschalten.) Den
Teig so lange durchkneten, bis er sich vom Schüsselrand löst.
Anschließend den Hefeteig zugedeckt an einem warmen Ort
(Raumtemperatur ist zumeist ausreichend) gehen lassen. Der Teig
sollte danach doppelt aufgegangen sein und porig aussehen. Mit
bemehlten Händen (Kartoffelmehl) den Teig mit den durch-
gepressten Kartoffeln verkneten und anschließend zugedeckt
weitere 10 Minuten gehen lassen. Wiederum mit bemehlten
Händen zwei Brote formen. Die Oberfläche der Brote leicht mit
Kartoffelmehl einreiben.
Brote dann jeweils in einen Bratschlauch oder in gut gewässerte
Römertöpfe mit Deckel (Römertöpfe vorher mit Fett und Kartoffelmehl ausreiben) legen.

Brote in den kalten Backofen schieben. Den Ofen auf 200 °C
einstellen und die Brote etwa 70 Minuten backen.
Sofort nach dem Herausnehmen aus dem Backofen die Brote
mit Wasser bepinseln.

Kartoffelklüten (Klöße)

3 kg große mehlige Kartoffeln, z.B. Afra, Bintje
2 mittelgroße Zwiebeln
ca. 250 g Bratenfleisch (Schweine- oder Rindfleischreste
vom Sonntagsbraten')
Pfeffer
1 TL Salz
1 EL Mehl
1 Ei

1 kg Kartoffeln waschen, schälen, grob würfeln und gar kochen.
Das Wasser abgießen, die Kartoffelwürfel zerstampfen und etwas
abkühlen lassen. Die restlichen 2 kg Kartoffeln waschen, schälen
und auf einer Reibe raspeln. Den geriebenen Kartoffelbrei dann
in einem Geschirrtuch so lange ausdrücken, bis keine Flüssigkeit
mehr vorhanden ist. Die Zwiebeln pellen. Zwiebeln und Bratenreste in kleine Würfel schneiden, mit etwas Pfeffer abschmecken
und als Füllung beiseite stellen.
Die gestampften und die rohen Kartoffeln miteinander verkneten – dabei Salz, Mehl und das Ei dazugeben.

Etwa 1/10 der gewürzten Kartoffelmasse auf der Handfläche
rund und flach drücken, mit einem Esslöffel Zwiebelfleisch
daraufgeben und anschließend den Rand so über dem Fleisch
zusammendrücken, dass ein tennisballgroßer Klüten entsteht.
Auf die gleiche Weise die restlichen Klüten formen.
Die Klüten in einen ausreichend großen Topf mit kochendem
Salzwasser geben, so dass sie oben schwimmen können. Hitze
reduzieren, damit das Wasser nicht mehr kocht und die Klüten
etwa 20 Minuten ziehen lassen, dabei ab und zu im Wasser
drehen.

Tipp: Die Klüten entweder mit aufgewärmter Bratensoße, mit
kalter saurer Sahne oder mit mit Zitronensaft abgeschmeckter
süßer Sahne servieren.

Kartoffelplätzchen

1 kg vorwiegend festkochende Kartoffeln,
z.B. Linda, Blauer Schwede
1 Zwiebel
1 Bund Petersilie
ein wenig Liebstöckel
etwas Butter
1 Ei
50 g Weizenmehl (fein gemahlen)
Salz
Pfeffer, frisch gemahlen
Muskatnuss, frisch gerieben
50 g Mehl
ungehärtetes Pflanzenfett

Kartoffeln am Vortag mit der Schale in wenig Wasser mit etwas
Salz im geschlossenen Topf gar kochen, pellen und mit der Hand-
reibe grob reiben. Zwiebel pellen und in feine Würfel schneiden.
Petersilie und Liebstöckel waschen, abtropfen lassen und hacken.
Petersilie und Liebstöckel mit den Zwiebelwürfeln in der Butter
andünsten. Abkühlen lassen und unter die Kartoffelraspel heben.
Das Ei, das fein gemahlene Weizenmehl und die Kartoffelraspel
zu einem festen Teig kneten. Dabei mit Salz, Pfeffer und Muskatnuss kräftig würzen.
Aus dem Teig mit bemehlten Händen runde fingerdicke Plätzchen formen. Die Plätzchen in ungehärtetem Fett in einer Pfanne
braun und knusprig braten.

Kartoffelplätzchen mit Käse

1 kg vorwiegend festkochende Kartoffeln, z.B. Sissi, Marabel
150 g Mehl
2 Eier
20 g Butter
1 EL geriebener Schweizer Käse
Salz
geriebene Muskatnuss
ca. 125 ml Milch

Die Kartoffeln waschen, schälen, gar kochen und in eine Schüssel reiben. Mehl, Eier, Butter, Käse, Salz und Muskatnuss dazugeben und anschließend die Milch unterrühren.
Aus dem Teig Plätzchen formen und diese in einer Pfanne mit heißem Fett von beiden Seiten goldgelb backen.

Tipp: Diese Käse-Kartoffelplätzchen schmecken gut zu Gemüse oder zu grünem Salat.

Prinzesskartoffeln

1 kg festkochende Kartoffeln, z.B. Belana, Annabelle
1 kg Kasslerbauch
1 kg Tomaten
2 mittelgroße Zwiebeln
6 Eier
Salz
Pfeffer

Kartoffeln waschen, mit der Schale in einem Topf mit wenig Salzwasser zugedeckt gar kochen, abschrecken, pellen und in Scheiben schneiden.

Tomaten waschen, Stielansätze entfernen und ebenfalls in Scheiben schneiden. Zwiebeln pellen und würfeln. Die Eier miteinander verschlagen.

Dann auch den Kasslerbauch in Scheiben schneiden und mit den Speckscheiben eine Auflaufform dicht an dicht auslegen. (Dabei auch die hohen Kanten nicht vergessen, aber noch genügend Speckscheiben zum abschließenden Abdecken zurückbehalten.) Eine Schicht Kartoffelscheiben, eine Schicht Tomatenscheiben und die Hälfte der Zwiebelwürfel darauf verteilen und mit Salz und Pfeffer würzen. Das Ganze wiederholen und dann mit einer Kartoffelschicht abschließen. Alles mit den restlichen Speckscheiben zudecken und im vorgeheizten Ofen bei 200 °C etwa 45 Minuten backen.

Den Auflauf herausnehmen, die verquirlten Eier darübergießen und die Form noch einmal für 10 Minuten in den Ofen schieben.

Tipp: Dazu passt grüner Salat.

Schnelle Backofenkartoffeln

1,2 kg kleine vorwiegend festkochende Kartoffeln,
z.B. Leyla, Sissi
1 TL Meersalz
1 Messerspitze Pfeffer
100 g klein gehackte Oliven
½ TL italienische Kräuter (ersatzweise Oregano, Rosmarin oder Thymian)
evtl. 3 zerdrückte Knoblauchzehen
80 ml Olivenöl

Die Kartoffeln gründlich waschen, in der Mitte durchschneiden und in einen Gefrierbeutel geben.

Alle anderen Zutaten hinzufügen, die Tüte verschließen und gut durchschütteln. Anschließend die Kartoffeln auf einem Backblech verteilen und mit Alufolie abdecken.

Im vorgeheizten Backofen bei 180 °C (Umluft) etwa 30 Minuten garen. Dann die Alufolie entfernen und die Kartoffeln weitere 20 Minuten fertig garen.

Tipp: Die Backofenkartoffeln passen zu allem Kurzgebratenen und eignen sich deshalb auch sehr gut für die Grillsaison.

Kartoffel-Semmeln

250 g mehlige Pellkartoffeln, z.B. Afra, Bintje

250 g Mehl

1 Ei

1 Päckchen Backpulver

4 EL Zucker

1 Prise Salz

Zitrone (unbehandelt)

1 Packung Vanillezucker (nach Geschmack)

Die Kartoffeln pellen, durch eine Kartoffelpresse drücken. Etwas abgeriebene Zironenschale hinzufügen und dann mit den restlichen Zutaten zu einem Teig verkneten.

Aus dem Teig Semmeln formen und diese etwa 30 Minuten im vorgeheizten Ofen bei 200 °C backen.

Schupfnudeln

von Dirk Luther

400 g mehlig kochende Kartoffeln, z.B. Afra, Bintje
150 g Mehl
Meersalz
1 Eigelb
geklärte Butter zum Braten
geriebene Muskatnuss

Kartoffeln mit der Schale kochen, pellen, heiß durch die Kartoffelpresse drücken und etwas abkühlen lassen. Die Kartoffelmasse mit Mehl, Salz und Eigelb rasch zu einem Teig verkneten und diesen sofort weiter verarbeiten, da er sonst weich wird.
Den Teig auf einer bemehlten Fläche und mit bemehlten Händen zu einer Rolle formen. Jeweils kleine Stücke abschneiden und diese zu fingerlangen Nudeln formen. (Dabei die Hände, die Nudeln und die Arbeitsplatte immer wieder mit etwas Mehl bestäuben.)
Die Fingernudeln in siedendes Salzwasser legen und etwa 5 Minuten ziehen lassen. Dann herausnehmen und abtropfen lassen. Abschließend die Nudeln in geklärter, heißer Butter leicht anbraten und mit geriebener Muskatnuss würzen.

Zerdrückte Kartoffeln

von Dirk Luther

Für diese Zubereitungsart verwendet man kleine Kartoffeln (sogenannte ‚Erstlinge‘).
Diese Kartoffeln werden gewaschen, mit kaltem Wasser aufgesetzt und mit Kümmel und grobem Meersalz gewürzt. Die Garzeit beträgt vom Aufkochen an gerechnet ca. 20 Minuten.
Danach werden sie abgegossen, noch warm gepellt und zum Auskühlen auf ein flaches Blech geschüttet.
In einer Sauteuse Butter zerlassen, die Pellkartoffeln hinzufügen und mit einer Gabel grob zerdrücken. Mit grobem Meersalz und fein geschnittenem Schnittlauch abschmecken.

Hauptgerichte

Bacalao-Salat mit Kartoffeln

von Dirk Luther

Bacalao (Stockfisch – getrockneter Kabeljau):
250 g Bacalaorücken aus dem Mittelstück
Olivenöl zum Begießen

Den Bacalao mindestens 2 Tage lang wässern und das Wasser dabei sehr häufig erneuern.
Etwa 2 Drittel des Bacalao in ein Porzellangefäß legen, mit Olivenöl begießen und im auf 80 °C vorgewärmten Ofen glasig werden lassen. Danach etwas abkühlen lassen und das Fleisch in kleine Segmente teilen.

Bacalao-Püree:
5 EL Olivenöl
60 g Schalotten, gewürfelt
150 g festkochende Kartoffeln, gewürfelt
Bacalao, gewässert

20 g geröstete Pinienkerne, fein gehackt
1 Zweig Thymian
weißer Pfeffer aus der Mühle
Salz
200 ml Sahne
Zitronensaft

Für das Bacalaopüree das Olivenöl erhitzen und die Schalotten darin andünsten, ohne Farbe nehmen zu lassen. Die Kartoffeln mit dem übrigen Bacalao, den Pinienkernen und dem Thymianzweig zufügen. Mit Pfeffer und wenig Salz würzen, die Sahne angießen und alles weich schmoren. Den Thymianzweig entfernen. Alles in einen Mixer geben und fein pürieren. Mit Salz, Pfeffer und Zitronensaft abschmecken.

Salat:

8 kleine festkochende Kartoffeln

Olivenöl zum Braten

Salz

weißer Pfeffer aus der Mühle

100 g Dicke Bohnen

100 g Bauchspeck, in dünne Scheiben geschnitten

Für den Salat die Kartoffeln mit der Schale kochen, noch heiß pellen und abgekühlt der Länge nach vierteln. Dann die Kartoffelviertel in Olivenöl rundherum goldgelb braten, salzen und pfeffern. Inzwischen die Bohnen in Salzwasser blanchieren, abschrecken, die Kerne aus den Häuten lösen und mit Salz und Pfeffer würzen. Die Speckscheiben in wenig Öl ausbraten.

Zitronen-Oliven-Vinaigrette:

2 EL Zitronensaft

3 EL warmes Wasser

Salz

weißer Pfeffer aus der Mühle

5 EL Olivenöl

Für die Vinaigrette alle aufgeführten Zutaten gut miteinander verrühren.

Zum Garnieren:

Staudensellerieblätter

Das Bacalao-Püree auf 4 Teller geben. Die Bacalao-Stücke mit Kartoffeln, Bohnen und Speck darauf anrichten. Die Vinaigrette darübergeben und nach Belieben auf den Tellern verteilen. Abschließend mit den Sellerieblättern garnieren.

Bauernfrühstück

750 g festkochende Kartoffeln, z.B. Belana, Annabelle

etwas Butter

1 Zwiebel

150 g Speck

Salz

Pfeffer

4 Eier

250 ml Milch

Petersilie nach Belieben

Schnittlauch nach Belieben

Gewürzgurken nach Belieben

Kartoffeln waschen, mit der Schale in wenig Wasser mit etwas Salz im geschlossenen Topf gar kochen, abschrecken, pellen und in Scheiben schneiden.

Zwiebel pellen. Zwiebel und Speck würfeln. Petersilie und Schnittlauch waschen, abtropfen lassen und hacken bzw. klein schneiden.

Zwiebelwürfel in etwas Butter in einer Pfanne andünsten. Herausnehmen und die Speckwürfel andünsten. Kartoffelscheiben und Zwiebeln wieder mit in die Pfanne geben, nach Geschmack mit Salz und Pfeffer würzen und unter vorsichtigem Wenden braten, bis die Kartoffeln eine schöne Färbung angenommen haben.

Eier und Milch mit etwas Salz und Pfeffer verquirlen. Eier-Milch dann über die Kartoffeln geben und stocken lassen.

Vor dem Servieren mit Petersilie und Schnittlauch bestreuen und nach eigenem Belieben Gewürzgurken dazulegen.

Buttermilch-Kartoffelsuppe

4 große mehlige Kartoffeln, z.B. Afra, Bintje
1 Liter frische Buttermilch
ca. 3 gehäufte EL Mehl
1 gehäufter EL körnige Gemüsebrühe
Salz
Pfeffer
2 EL Zucker
1 Lorbeerblatt
1 große Zwiebel
200 g gewürfelter Schinkenspeck
evtl. ein Spritzer Süßstoff
4 Eier

Kartoffeln waschen, schälen, in kleine Würfel schneiden und gar kochen. Danach das
Kartoffelwasser nicht ganz abgießen und die Kartoffelwürfel in dem verbleibenden Wasser stampfen.
Die Buttermilch in einen Topf geben und mit einem Schneebesen das Mehl kräftig einrühren (nach gewünschter Sämigkeit kann entsprechend mehr oder weniger Mehl genommen werden).
Dann die Gemüsebrühe, Salz, Pfeffer, den Zucker und das Lorbeerblatt hinzufügen.
Unter ständigem Rühren mit dem Schneebesen die Suppe langsam erhitzen, aber auf keinen Fall kochen, da sonst die Buttermilch flockt und nicht sämig wird. Abschließend die gestampften Kartoffeln unterrühren.
Zwiebel pellen und fein würfeln. Schinkenspeck- und Zwiebelwürfel in einer Bratpfanne anbraten und anschließend in die Suppe geben. Suppe evtl. noch mit flüssigem Süßstoff nachsüßen.
Dann die Eier in der Pfanne braten.
Suppe in tiefe Teller füllen und jeweils ein Spiegelei darauflegen.

Deftige Kartoffelsuppe
Für 6–8 Personen

Schinkenreste oder 1 Knochen
(vorher beim Schlachter bestellen)
1,5 kg mehlige Kartoffeln
Suppengrün (frisch oder 1 Beutel TK Suppengrün)
Kochwurst (Menge nach Belieben)
Würstchen (Menge nach Belieben)
2 große Zwiebeln
4 Scheiben Kassler Nacken
Selleriesalz

Schinkenreste oder Knochen zusammen mit dem vorbereiteten (oder TK-)Suppengrün in einem großen Suppentopf mit 2–3 Litern Wasser kalt aufsetzen. 1 Stunde köcheln lassen, dann mit einer Schöpfkelle herausnehmen.
Kartoffeln waschen, schälen, grob zerkleinern und 10 Minuten in dem Schinken- bzw. Knochensud kochen lassen. Anschließend mit dem Kartoffelstampfer zermusen.
Kochwurst und Würstchen in Scheiben und Kassler in Würfel schneiden. Zwiebeln pellen und fein würfeln.
Kochwurstscheiben in einem separaten Topf mit wenig Fett anbraten. Dann die Würstchenscheiben sowie die Kassler- und Zwiebelwürfel dazugeben, mit dem Selleriesalz würzen und alles 10 Minuten anbräunen. Danach zur Suppe geben.

Gefüllte Kartoffeln

2 große vorwiegend festkochende Kartoffeln pro Person

Bratenreste

1 Ei

2 Scheiben Weißbrot

1 Bund Petersilie

Salz

Pfeffer

etwas Muskatnuss, frisch gerieben

etwas Butter

Kartoffeln waschen und schälen. Weißbrot würfeln. Petersilie waschen, abtropfen lassen und hacken.

Von den Kartoffeln jeweils eine ‚Kappe' abschneiden und die Kartoffeln anschließend aushöhlen.

Bratenreste und die herausgeschnittenen Kartoffelteile klein schneiden und miteinander vermengen. Diese Masse mit den Weißbrotwürfeln, der Petersilie und der Butter vermischen. Mit Salz, Pfeffer und Muskatnuss abschmecken und in die ausgehöhlten Kartoffeln füllen. Abschließend die Kappen wieder aufsetzen und mit einem Faden festbinden.

Die Kartoffeln in reichlich Fett bei nicht zu starker Hitze langsam von allen Seiten goldbraun braten, bis sie gar sind.

Geschmorte Kalbshaxe
mit Pfifferlingen und Kartoffelgnocchi

von Dirk Luther

Kalbshaxe:

1 Kalbshaxe (ca. 2,5 kg)

5 Schalotten

3 Möhren mit Grün

3 Stangen Staudensellerie

2 Tomaten

Salz, Pfeffer aus der Mühle

500 ml Kalbsfond

Rosmarin

Thymian

Blattpetersilie

30 g kalte Butterstücke

300 g kleine Pfifferlinge

1 Schalotte, fein gewürfelt

1 EL Schnittlauchröllchen

Die Kalbshaxe waschen und trocken tupfen.

Die Schalotten pellen. Die Möhren waschen und schälen. Den Staudensellerie putzen. Die Tomaten waschen. – Alles in etwa walnussgroße Stücke schneiden.

Die Kräuter waschen und abtropfen lassen.

Die Kalbshaxe mit Salz und Pfeffer würzen, dann in einem Schmortopf von beiden Seiten anbraten. Schalotten-, Möhren-, Sellerie- und Tomatenwürfel dazugeben und mit der Hälfte des Kalbsfonds angießen. Im vorgeheiztem Ofen bei 135 °C etwa 3–4 Stunden garen, dabei nach und nach den restlichen Kalbsfond dazugeben, indem die Kalbshaxe immer wieder mit dem Fond übergossen wird, damit sie beim Garen nicht austrocknet. Kurz vor Ende der Garzeit die Kräuter dazulegen.

Sobald die Kalbshaxe weich ist, wird sie herausgenommen und in Alufolie eingewickelt. So eingewickelt sollte sie dann im ausgeschalteten Ofen noch etwas ruhen.

Die Sauce durch ein Sieb in einen Topf passieren, nach Geschmack noch etwas einkochen und mit Butter binden.

Die Pfifferlinge in einer heißen Pfanne in etwas Butter anbraten. Schalottenwürfel dazugeben und mit Salz und Pfeffer würzen. Mit den Schnittlauchröllchen verfeinern.

Gnocchi:

450 g mehlige Kartoffeln, z. B. Afra, Bintje

Salz

1 TL Kümmel

2 Eigelb

200 g Ricotta

150 g Mehl

50 g geriebener Parmesankäse

Salz und Pfeffer aus der Mühle

1 EL Butter

Die Kartoffeln mit kaltem Wasser leicht bedecken und Salz und Kümmel hinzufügen. Die fertig gegarten Kartoffeln abgießen und noch heiß pellen. Kartoffeln durch eine Kartoffelpresse drücken und die 2 Eigelb unterarbeiten. Ricotta, Mehl und Parmesan zugeben. Alles zu einem glatten Teig verarbeiten, dabei mit Salz und Pfeffer würzen.

Den Teig auf einer bemehlten Arbeitsfläche zu etwa 2 cm dicken Rollen formen. Mit einer Palette in 1,5 cm lange Stücke schneiden. Diese Stücke dann mit bemehlten Händen zu Kugeln formen. Mit dem Gabelrücken das Gnocchi-Muster hineindrücken. Die Gnocchi in leicht gesalzenem Wasser garen. Butter in einer Sauteuse zerlassen und die Gnocchi dazugeben.

Filet vom Schellfisch
mit pochierten Wachteleiern
und Kartoffel-Zucchinisalat

von Dirk Luther

Kartoffel-Zucchinisalat:

500 g festkochende Kartoffeln, z.B. Princess, Sieglinde

400 g Tomaten

2 Knoblauchzehen

200 g Schalotten

100 ml Olivenöl

6 EL Rotweinessig

250 ml Brühe

Salz

Pfeffer aus der Mühle

10 grüne Oliven

1 EL Kapern

½ Bund Basilikum

1 mittelgroße Zucchini

Die Kartoffeln waschen, mit der Schale in reichlich Salzwasser gar kochen, abgießen, pellen und in feine Scheiben schneiden.
Die Tomaten überbrühen, kalt abschrecken, enthäuten, vierteln, in kleine Würfel schneiden und die ausgetretene Flüssigkeit abgießen.
Die Knoblauchzehen und die Schalotten schälen und fein hacken. Knoblauch- und Schalottenwürfel im Olivenöl anschwitzen, mit dem Rotweinessig ablöschen und mit der Brühe begießen. Mit Salz und Pfeffer abschmecken und 5 Minuten sanft köcheln lassen. Die heiße Marinade über die Kartoffeln gießen.
Die Oliven entkernen und in feine Stifte schneiden. Die Kapern grob hacken. Das Basilikum waschen, die Blätter von den Stielen zupfen und fein schneiden. Die Zucchini waschen und in feine Scheiben hobeln. Alle Zutaten zu dem Kartoffelsalat geben und vorsichtig untermischen.

Schellfischfilets:

500 g Schellfischfilet

Meersalz

4 Weißbrotscheiben von ca.12 cm x 6 cm

1 Thymianzweig

Öl zum Braten

Die Filets mit Meersalz auf beiden Seiten würzen. Das Weißbrot mit der Maschine hauchdünn aufschneiden und auf die Größe der Filets zuschneiden. Jeweils eine Weißbrotscheibe auf ein Fischfilet legen und vorsichtig andrücken.

Öl in einer beschichteten Pfanne erhitzen. Damit die Weißbrotscheibe schön kross wird, das ‚Fisch-Brot' zuerst mit der Weißbrotseite in die Pfanne legen und 2 Minuten anbraten. Dann wenden und auch die ‚Fischseite' 2 Minuten braten.

Wachteleier:

12 Wachteleier

2 EL Weißwein-Essig

Für die pochierten Wachteleier etwa 1 Liter Wasser in einem breiten Topf aufkochen und den Essig zufügen. Die Eier einzeln in einer Tasse aufschlagen. Mit einem Löffel jeweils auf einer Stelle im Essigwasser rühren, so dass sich ein kleiner Strudel bildet. Sofort die Eier hineingleiten und 1 Minute ziehen lassen.

Als Garnitur:

1 Bund Rucola-Salat

Anrichten:

Den Rucola waschen und trocken schleudern.

Den Kartoffelsalat dekorativ auf Tellern anrichten, das Schellfischfilet drauflegen und mit den pochierten Wachteleiern und dem Rucola-Salat umlegen.

Filet vom Zander
mit Kartoffeldressing und Topinambur-Salat

von Dirk Luther

Kartoffeldressing:
1 EL Rapsöl
1 EL Schalottenwürfel
1 TL Knoblauchwürfel
80 g Kartoffelwürfel (festkochend)
Salz
Pfeffer aus der Mühle
1 Lorbeerblatt
1 Thymianzweig
1 EL Weißweinessig
2 EL Traubenkernöl
200 ml Geflügelfond

Rapsöl in einem Topf erhitzen. Die Schalotten- und Knoblauchwürfel darin ohne Farbe anschwitzen. Anschließend die Kartoffeln dazugeben und mit Salz und Pfeffer würzen. Das Lorbeerblatt und den Thymianzweig hinzufügen und mit dem Geflügelfond auffüllen. So lange köcheln, bis die Kartoffeln weich sind. Lorbeerblatt und Thymianzweig herausnehmen und durch ein Sieb passieren (der Kartoffelfond sollte leicht sämig sein). Anschließend den Kartoffelfond mit dem Essig und dem Öl vermengen und nochmals abschmecken. Das Dressing mit einem Zauberstab gut mixen.

Topinambur-Salat:
1 EL Butter
2 EL Schalottenwürfel
1 Scheibe durchwachsener Speck
400 g Topinambur, geschält und in Scheiben geschnitten
200 ml Geflügelfond

1 Thymianzweig
1 Lorbeerblatt
Salz
Pfeffer aus der Mühle
1 Spritzer Weißweinessig
2 EL Traubenkernöl

Butter in einer Sauteuse zerlassen. Schalottenwürfel, die Speckscheibe und die Topinambur-Scheiben darin glasig anschwitzen. Mit dem Geflügelfond angießen und den Thymianzweig sowie das Lorbeerblatt dazulegen. Mit Salz und Pfeffer würzen. Das Ganze so lange garen, bis die Topinambur-Scheiben noch einen leichten Biss haben und die Flüssigkeit im Topf völlig reduziert ist. Die Speckscheibe sowie das Lorbeerblatt entfernen und mit dem Essig und dem Traubenkernöl verfeinern.

Zander:
4 Zanderfilets à 80 g
1 EL Butter
1 Thymianzweig
frisch geriebener Meerrettich

Den Zander mit Salz und Pfeffer würzen und in einer beschichteten Pfanne goldgelb und glasig garen. Kurz vor Ende der Garzeit ein Stück Butter und den Thymianzweig dazugeben.

Als Garnitur:
2 Handvoll verschiedene Salatblätter
1 Topf Brunnenkresse

Den Salat putzen, waschen und gut trocken schleudern. Mit dem restlichen Dressing marinieren.

Anrichten
Den marinierten Salat dekorativ auf den Tellern verteilen. Den Topinambur-Salat in der Mitte des Tellers anrichten und das Zanderfilet darauflegen.

Herbsteintopf mit Kassler

2 Zwiebeln

600 g Kasslernacken

Pfeffer

2 Lorbeerblätter

1 Liter Wasser

400 g vorwiegend festkochende Kartoffeln,

z.B. Laura, Linda

300 g Kürbis

3 EL Butter oder Margarine

1 TL ganzer Kümmel

300 g Weißkohl

Pfeffer

2 TL gemahlener Kümmel

4 EL Crème fraîche

Die Zwiebeln pellen und halbieren. Das Fleisch mit den Zwiebeln, den Lorbeerblättern und etwas Pfeffer ca. 45 Minuten in 1 Liter Wasser kochen, dann herausnehmen und die Brühe durch ein Sieb in ein kleineres Gefäß abseihen.

Kartoffeln und Kürbis schälen und in mundgerechte Würfel schneiden. In 2 EL Fett in einem Suppentopf andünsten und anschließend mit 600 ml der aufgefangenen Brühe aufgießen und einmal aufkochen lassen. Den ganzen Kümmel zugeben und weitere 10 Minuten köcheln lassen

Weißkohl putzen (die dickeren Rippen und den Strunk entfernen) und in grobe Stücke teilen. Im restlichen Fett andünsten und dann zu dem übrigen Gemüse geben. Noch 5 Minuten weiter köcheln lassen.

Kassler vom Knochen lösen, das Fleisch würfeln und mit in den Eintopf geben. Mit Pfeffer abschmecken, den gemahlenen Kümmel darüberstreuen und mit Crème fraîche garniert servieren.

Hamburger Pannfisch
mit Senfsauce und Wirsing

von Dirk Luther

Pannfisch:

1 kg vorwiegend festkochende Kartoffeln, z.B. Leyla, Sissi

600 g Steinbuttfilet

2 mittelgroße Zwiebeln

3 EL mittelscharfer Senf

Salz

Pfeffer

Kartoffeln schälen, in ca. 2 mm dünne Scheiben schneiden und mit einem ovalen Ausstecher ausstechen. Kartoffeln kurz wässern. Dann abtropfen lassen, in Butterfett goldgelb anbraten und würzen.

Fisch portionieren und mit dem Ausstecher in die gleiche Form bringen wie die Kartoffeln.

Zwiebeln pellen, in sehr feine Würfel schneiden, glasig anschwitzen und mit dem Senf leicht binden. Mit Salz und Pfeffer abschmecken.

Abwechselnd gebratene Kartoffelscheiben, gewürzte Fischscheiben und Senf-Zwiebeln schichten. Das Ganze zweimal wiederholen und mit Kartoffelscheiben abschließen.

Im Heißluftofen bei 135 °C ca. 8–12 Minuten fertig garen.

Senfsauce:

6 cl Noilly Prat

3 cl Riesling

250 ml Fischfond

200 ml Sahne

2 EL Pommery Senf

Salz

Cayennepfeffer

etwas Butter

2 EL geschlagene Sahne

Den Noilly Prat mit dem Riesling reduzieren. Fischfond und die flüssige Sahne dazugeben und 5 Minuten köcheln lassen. Mit Senf, Salz und Pfeffer abschmecken. Kurz vor dem Servieren mit kalten Butterstücken und geschlagener Sahne verfeinern.

Wirsing:

400 g Wirsing

1 EL Butter

1 EL durchwachsener Speck in Würfeln

1 Schalotte, gewürfelt

200 ml Sahne

Salz

Pfeffer aus der Mühle

Vom Wirsing den Strunk entfernen. Die Blätter erst in feine Streifen schneiden, dann in Würfel. Die Speck- und die Schalottenwürfel in etwas Butter anschwitzen. Den Wirsing hinzufügen und mit der Sahne auffüllen. Mit Salz und Pfeffer gut abschmecken. Das Ganze so lange köcheln lassen, bis der Wirsing gar ist.

Zum Garnieren:

Schnittlauch und Kerbel

Anrichten

Den Pannfisch auf vorgewärmte Teller legen. Eine Wirsingnocke dazugeben und mit der Senfsauce umgießen. Mit Kerbel und Schnittlauch garnieren.

Kabeljaufilet
mit provenzalischem Gemüse

von Dirk Luther

Fischbrühe:

2 EL Olivenöl

1 Zwiebel, gepellt und in Ringe geschnitten

5 Knoblauchzehen, ungeschält und zerdrückt

1 Fenchelknolle, geputzt und in Scheiben geschnitten

2 Zweige getrockneter Fenchel

2 Tomaten, geviertelt

1 kg Fischabschnitte von weißfleischigem Fisch, gesäubert

½ Bund Basilikum

8 weiße Pfefferkörner

Schale von einer Zitrone (mit dem Gemüseschäler abgeschält)

Das Olivenöl bei mittlerer Hitze in einem mittelgroßen Topf erhitzen. Die Zwiebelringe hineingeben, salzen und glasig dünsten. Die zerdrückten Knoblauchzehen mit dem frischen und dem getrockneten Fenchel dazugeben und etwa 5 Minuten mitdüns-

ten. Die Tomatenviertel hinzufügen und so lange garen, bis sie zerfallen. Den Fisch, das Basilikum, die Pfefferkörner und die Zitronenschale dazugeben, mit gut 1 Liter Wasser bedecken und aufkochen lassen. Anschließend bei schwacher Hitze 20 Minuten köcheln lassen. Die Brühe durch ein feines Sieb passieren und auffangen – es werden etwa 900 ml benötigt.

Gemüse:

7 EL Olivenöl

9 Knoblauchzehen, zerdrückt

5 Schalotten, halbiert und in Ringe geschnitten

12 Stangen Lauchzwiebeln, gewaschen und in streichholzgroße Stücke geschnitten

2 Fenchelknollen, geputzt und in streichholzgroße Stifte geschnitten

1 grüne Paprikaschote

1 gelbe Paprikaschote

1 rote Paprikaschote – jeweils von Häuten und Kernen befreit und in streichholzgroße Stifte geschnitten

4 mittelgroße festkochende Kartoffeln, geschält und in 6mm dicke Scheiben geschnitten

Gut die Hälfte des Olivenöls in einem Topf erhitzen und den Knoblauch mit den Schalotten unter gelegentlichem Rühren etwa 3 Minuten dünsten. Dann das restliche vorbereitete Gemüse dazugeben, mit Salz und Pfeffer würzen und mit 450 ml der Fischbrühe auffüllen. Das Gemüse bei schwacher Hitze langsam garen.

Olivenöl in einem Topf erwärmen. Die Kartoffelscheiben hineingeben und von beiden Seiten schön braun braten. Mit Salz würzen. Mit den restlichen 450 ml der Fischbrühe angießen und bei schwacher Hitze fertig garen.

Kabeljaufilet:

520 g Kabeljaufilet von 3 kg Fischen

450 ml Milch

3 Stück Sternanis

1 Knoblauchzehe, zerdrückt

1 Thymianzweig

Salz

Pfeffer aus der Mühle

Mehl

4 EL Olivenöl

50 g Butter

Zum Anrichten:

abgeriebene Schale von 1 Zitrone

etwas Olivenöl

Die Milch mit der zerdrückten Knoblauchzehe, den Sternanis und dem Thymianzweig auf 65 °C erwärmen. Das Kabeljaufilet mit der Hautseite nach unten hineingeben und 2 Minuten garen. Danach die Milch abgießen, das Filet mit der Hautseite nach oben auf ein Tuch legen und trocken tupfen.

Den Fisch mit Salz und Pfeffer würzen und in Mehl wenden (überschüssiges Mehl abklopfen). Olivenöl in einer beschichteten Pfanne erwärmen. Den Fisch mit der Hautseite nach unten hineinlegen und so lange braten, bis die Haut leicht angebräunt ist. Die Butter hinzufügen und den Fisch mit der Butter übergießen.

Anrichten

Das Gemüse aus dem Topf bzw. aus der Brühe herausnehmen und gleichmäßig auf vorgewärmten Tellern anrichten. Dann auch die Kartoffelscheiben herausnehmen und auf dem Gemüse verteilen. Die verbleibende Gemüsebrühe bei starker Hitze siruartig einkochen lassen. Die Kabeljaufilets auf den Kartoffeln anrichten. Mit der siruartigen Sauce überziehen und mit der geraspelten Zitronenschale aromatisieren. Mit Olivenöl beträufeln.

Kalbsgeschnetzeltes
mit Kartoffelrösti

von Dirk Luther

Kalbsgeschnetzeltes

6 Schalotten

350 g Champignons

650 g Kalbfleisch aus der Keule

50 g Rapsöl

etwas Butter

150 ml Weißwein

50 ml Kalbsjus

200 ml flüssige Sahne

Salz und Pfeffer aus der Mühle

2 EL geschlagene Sahne

½ Bund Blattpetersilie

Die Schalotten pellen und in feine Würfel schneiden. Die Champignons säubern, Stiele kürzen und sechsteln. Das Kalbfleisch quer zur Faser in dünne Streifen schneiden. Die Petersilie waschen, abtropfen lassen und hacken.

Das Rapsöl in einer großen Pfanne erhitzen. Die Fleischstreifen Stück für Stück von allen Seiten scharf anbraten. Dann die Fleischstreifen aus der Pfanne herausnehmen, in eine Schüssel legen und beiseitestellen.

Nun etwas Butter in die Pfanne geben und die Schalottenwürfel mit den Champignons darin anbraten. Den Bratensatz mit Weißwein ablöschen und einkochen lassen. Mit der Kalbsjus und der Sahne auffüllen, verrühren und noch einmal so lange einkochen lassen, bis die Sauce die gewünschte Konsistenz hat (gegebenenfalls noch mit etwas Stärke abbinden).

Das Fleisch dazugeben, alles noch einmal kurz aufkochen lassen und mit Salz und Pfeffer würzen.

Kurz vor dem Servieren mit der geschlagenen Sahne und der gehackten Petersilie verfeinern.

Tipp: Die Champignons nicht waschen, sondern mit einem Tuch säubern. Kommen sie mit Wasser in Berührung, saugen sie sich voll und werden zäh und ledrig.

Kartoffelrösti:
1 kg festkochende Kartoffeln, z.B. Belana, Allians
1 Eigelb
4 EL Rapsöl
4 TL Butter
geriebene Muskatnuss
Salz und Pfeffer aus der Mühle

Die Kartoffeln gründlich in reichlich Wasser waschen, mit einem Sparschäler schälen und auf der groben Seite einer Vierkantreibe raspeln. Mit Salz und Pfeffer würzen. Das Eigelb dazugeben und die Kartoffelmasse kräftig durchkneten. Dann in ein Geschirrtuch einschlagen und so lange zusammenpressen, bis kein Kartoffelwasser mehr austritt.
Die Kartoffelraspel in 4 Portionen teilen. Rapsöl in einer beschichteten Pfanne erhitzen. Eine Portion hineingeben und mit einem Pfannenwender möglichst flach drücken (Rösti würden sonst beim Braten innen roh bleiben). Nun die Kartoffelrösti von beiden Seiten leicht bräunen. Zum Schluss mit einem Flöckchen Butter belegen.

Anrichten
Das Kalbsgeschnetzelte in die Mitte der vorgewärmten Teller geben. Die Kartoffelrösti separat servieren.

Kaninchen mit Schmorkartoffeln

Für 6 Personen

1 Kaninchen oder 2 Wildkaninchen
1,5–2 kg kleine festkochende Kartoffeln, z.B. Belana
250 g Schalotten
Salz, Pfeffer
1 EL Senfkörner
Fett zum Anbraten
300 ml Gemüsebrühe (Würfel)
200 ml Weißer Portwein (oder Gemüsebrühe)
3 Lorbeerblätter
1 Bund frischer Thymian
ca. 200 g Crème fraîche
1 EL mittelscharfer Senf

Das vorbereitete Kaninchen waschen und trocken tupfen. Kartoffeln waschen, schälen und evtl. der Länge nach halbieren. Schalotten überbrühen und abziehen. Senfkörner auf einem Holzbrett zerstoßen. Thymian waschen, trocken tupfen und die Blättchen von den Stielen zupfen.

Das Kaninchen mit Salz, Pfeffer und den zerstoßenen Senfkörnern einreiben. Fleisch in einer Pfanne rundherum schön goldgelb anbraten, herausnehmen und in eine Fettpfanne legen. Dann die Kartoffeln und Zwiebeln in der Pfanne anbraten und anschließend zum Fleisch geben. Mit der Hälfte der Brühe den Bratenfond lösen und diese ebenfalls in die Fettpfanne geben. Auch die restliche Brühe und den Wein dazugießen. Lorbeerblätter und Thymian darauf verteilen und die Fettpfanne mit Pergamentbögen abdecken.
Im vorgeheizten Ofen bei 200 °C zunächst 20 Minuten schmoren lassen. Dann das Papier entfernen und die Fettpfanne für weitere 30 Minuten in den Ofen schieben.
Crème Fraîche mit dem Senf verrühren und in Tupfen über die Pfanne verteilen.

Kartoffelauflauf

750 g vorwiegend festkochende Kartoffeln, z.B. Laura, Leyla, Sissi, Marabel
50 g Zwiebeln
150 g Karotten
150 g Champignons
25 g Margarine
250 g Schinken
200 g Sauerrahm
Salz
Pfeffer
150 g TK-Erbsen
gekochte Nudeln
Sojasoße
2 Eier
Küchenkräuter nach Belieben

Kartoffeln waschen, schälen und dünnblättrig schneiden. Zwiebeln pellen und hacken. Karotten waschen, schälen und grob reiben. Champignons abbürsten bzw. putzen und blättrig schneiden. Schinken fein würfeln.
Alles zusammen in der Margarine dünsten.
Sauerrahm hinzufügen und anbräunen. Mit Salz und Pfeffer abschmecken. Die TK-Erbsen hinzufügen und mitbraten. Dann mit Sojasoße abschmecken.

Kartoffel-Auflauf
mit Äpfeln und Blutwurst

750 g vorwiegend festkochende Kartoffeln,
z.B. Leyla, Sissi, Linda, Blauer Schwede

250 ml Milch

Salz

Pfeffer

geriebene Muskatnuss

2 Zwiebeln

2 EL Öl

500 g Blutwurst

Majoran

250 g Äpfel

gehackte Petersilie

Die Kartoffeln waschen, schälen, würfeln und ca. 20 Minuten gar
kochen.

Milch erwärmen. Kartoffelwürfel mit der Milch pürieren, mit Salz,
Pfeffer und Muskatnuss würzen.

Die Zwiebeln pellen und in Ringe schneiden. Die Wurst enthäuten und in Streifen schneiden. Die Äpfel schälen, vierteln,
entkernen und in dünne Scheiben schneiden.

Zwiebelringe in dem heißen Öl glasig dünsten. Dann die Blutwurst dazugeben und etwa 5 Minuten mitschmoren. Mit Salz,
Pfeffer und Majoran würzen.

Das Blutwurst-Zwiebel-Gemisch aus der Pfanne nehmen und auf
Küchenpapier abtropfen lassen.

Nun das Kartoffelpüree, das Blutwurst-Zwiebel-Gemisch und die
Apfelscheiben schichtweise in eine gefettete Auflaufform geben.
Mit dem restlichen Bratfett bestreichen und mit der Petersilie
bestreuen.

Im vorgeheizten Backofen etwa 30 Minuten bei 200 °C backen.

Kartoffel-Gemüse-Auflauf

750 g Spitzkohl oder Wirsing

750 g vorwiegend festkochende Kartoffeln, z.B. Marabel, Sissi

3 Zwiebeln

1 Bund Möhren

500 g Hammel- oder Rindfleisch

3 EL Butter

Salz

Pfeffer

Kümmel

500 ml Brühe

Vom Spitzkohl oder Wirsing die schlechten äußeren Blätter
entfernen, den Kopf vierteln und in Streifen schneiden. Zwiebeln
pellen und fein hacken. Möhren und Kartoffeln waschen, schälen
und würfeln. Das Fleisch ebenfalls würfeln.

Das Fett in einer Kasserolle schmelzen. Zwiebeln darin glasig dünsten. Dann das Fleisch zugeben und etwa 40 Minuten
dünsten (auf dem Herd im geschlossenen Topf bei etwa 100 °C).
Spitzkohl bzw. Wirsing sowie die Kartoffel- und Möhrenwürfel
unterrühren. Mit Salz, Pfeffer und Kümmel würzen. Die Brühe
angießen und alles zugedeckt im vorgeheizten Backofen bei
175 °C etwa 1 Stunde garen.

Grünkohl Auflauf

600 g vorwiegend festkochende Kartoffeln,
z.B. Leyla, Linda

400 g Möhren

Zwiebeln

2 EL Butter

200 g getrocknete Aprikosen

500 ml Brühe

Salz

Pfeffer

1 Prise Zucker

60 g Butterkäse

5 EL Sahne

Grünkohl abstreifen, mehrmals waschen, in reichlich Salzwasser vorkochen, abgießen und grob zerkleinern.

Kartoffeln und Möhren waschen, schälen und in Scheiben schneiden. Zwiebeln pellen und würfeln.

Butter in einem ausreichend großen Topf erhitzen, Zwiebeln und Grünkohl darin anbraten. Erst die Kartoffeln und die Möhren, dann die Aprikosen dazugeben. Mit der Brühe ablöschen und ca. 45 Minuten schmoren lassen. Mit Salz, Pfeffer und Zucker würzen.

Butterkäse reiben, mit der Sahne verrühren und abschließend mit dem Grünkohl vermischen.

Hackfleisch-Kartoffel-Auflauf

5 Knoblauchzehen

1 große Zwiebel

einige frische Oregano- und Basilikumblättchen

1 kg Tomaten

3 EL Pflanzenöl

250 g gemischtes Hackfleisch

Salz

Pfeffer

125 ml Fleischbrühe

500 g vorwiegend festkochende Kartoffeln, z.B. Laura, Sissi

200 g Mozzarella

50 g Butter

Knoblauch und Zwiebeln abziehen und fein würfeln.
Die Kräuterblättchen waschen, trocken tupfen und in Streifen schneiden.
Die Tomaten waschen. Die Hälfte der Tomaten überbrühen, häuten und das Fruchtfleisch klein würfeln. Die restlichen Tomaten in Scheiben schneiden. Das Pflanzenöl in einer Pfanne erhitzen und darin Knoblauch und Zwiebeln andünsten.
Das Hackfleisch hinzufügen und unter Rühren krümelig braten.
Die Tomatenwürfeln einrühren und 5 Minuten andünsten.
Den Pfanneninhalt salzen, pfeffern und mit der Fleischbrühe aufgießen.
Nach dem ersten Aufkochen vom Herd ziehen und die Kräuter unterrühren.

Die Kartoffeln waschen, schälen und in dünne Scheiben schneiden. Eine Auflaufform mit etwas Butter ausstreichen. Kartoffel- und Tomatenscheiben abwechselnd dachziegelartig in die Form legen. Salzen, pfeffern und mit der Tomaten-Hackfleisch-Mischung löffelweise überziehen. Den Mozzarella in dünne Scheiben schneiden und den Auflauf damit belegen. Die restliche Butter in Flöckchen obenauf setzen. Den Auflauf im vorgeheizten Backofen bei 200 °C (Umluft 180 °C, Gas Stufe 3–4) etwa 50 Minuten backen.

Kartoffel-Auflauf mit Mettwurst

1 kg festkochende Kartoffeln, z.B. Belana, Annabelle

Salz

400 g Mettwurst

2 Stangen Porree

2 Tomaten

etwas Fett (Butter) für die Auflaufform

Pfeffer

evtl. 100 g geriebenen Käse

1 Riegel Schmelzkäse

1 Becher Sahne

Kartoffeln waschen, mit der Schale in wenig Salzwasser zugedeckt gar kochen, pellen und in Scheiben schneiden.
Mettwurst in der Pfanne krümelig braten, dann ohne das Fett herausnehmen.
Den Porree putzen, waschen und in Ringe schneiden. Die gewaschenen Tomaten in Scheiben schneiden.
In eine gefettete Auflaufform zuerst die Hälfte der Kartoffelscheiben geben, dann die Mettwurst, den Porree und die Tomaten darauf verteilen und mit den restlichen Kartoffeln bedecken. Mit Pfeffer und Salz würzen und evtl. geriebenen Käse darüberstreuen.
Die Sahne erwärmen, den Schmelzkäse darin verrühren und beides über den Auflauf gießen.
Das Ganze im vorgeheizten Backofen ca. 60 Minuten bei 180 °C backen.

Sauerkraut–Kartoffelauflauf

1 kg vorwiegend festkochende Kartoffeln,
z.B. Marabel, Linda
6 Tomaten
2 große Zwiebeln
Butter
400 g Sauerkraut
250 ml süße Sahne
½ TL Kräutersalz
½ TL Paprika
Pfeffer
Basilikum (gerebelt)
frische Petersilie

Kartoffeln gründlich waschen und mit der Schale in dünne
Scheiben schneiden. Tomaten ebenfalls in Scheiben schneiden.
Zwiebeln pellen, würfeln und in einer Pfanne in etwas Butter
goldgelb rösten. Anschließend Kartoffel- und Tomatenscheiben,
Zwiebelwürfel und Sauerkraut abwechselnd in eine gebutterte
flache Auflaufform schichten. (Mit Kartoffeln abschließen.)
Die Sahne mit Kräutersalz, Paprika, Pfeffer, gehackter Petersilie
und Basilikum würzen und über den Auflauf gießen. Zum Schluss
Butterflöckchen aufsetzen und bei 180 °C etwa 30 Minuten
backen.
Petersilie waschen, abtropfen lassen, hacken (oder Blättchen
abzupfen) und den Auflauf damit garnieren.

Kartoffelsuppe mit Mangold
und geräuchertem Aal

250 g Blattmangold
250 g mehlige Kartoffeln, z.B. Afra, Bintje
1 Stange Porree
1 Knoblauchzehe
1 EL Butter oder Margarine
1 EL Mehl
750 ml Gemüsebrühe
Salz
Pfeffer aus der Mühle
1 Prise Muskatnuss, frisch gerieben
4 EL Sahne oder Milch
einige Stücke geräucherter Aal (Menge nach eigenem Belieben)
frischer Majoran

Mangold gründlich abwaschen, abtropfen lassen und in Streifen
schneiden. Kartoffeln waschen, schälen und in kleine Stücke
schneiden. Porree putzen, waschen und in Ringe schneiden.
Knoblauchzehe durchpressen. Majoran waschen, trocken tupfen
und die Blättchen hacken.
Lauchringe und Knoblauch in der Butter bzw. der Margarine
andünsten. Kartoffeln dazugeben und mitdünsten. Dann das Mehl
unter Rühren darüberstäuben und die Brühe aufgießen.
Einmal aufkochen lassen, dann die Mangoldstreifen dazugeben.
Die Suppe ca. 20 Minuten zugedeckt köcheln lassen.
Anschließend mit dem Stabmixer pürieren und mit Salz, Pfeffer
und Muskatnuss abschmecken.

Vor dem Servieren die Sahne bzw. die Milch unterrühren und
die Aalstücke und den frischen Majoran dazugeben.

Kartoffel-Pilz-Gratin mit Filet

1 kg vorwiegend festkochende Kartoffeln, z.B. Leyla, Linda

400 ml Schlagsahne

Salz

Pfeffer

Paprikapulver

1 Prise Muskatnuss, frisch gerieben

2 mittelgroße Zwiebeln

375 g Champignons

3 EL Öl

600 g Schweinefilet

Bratfett

4 Eier

1 TL Gemüsebrühe instant

Kartoffeln waschen, schälen und in Scheiben schneiden. Schlagsahne mit Salz und Pfeffer aufkochen und darin die Kartoffelscheiben 10 Minuten garen. Mit Muskatnuss würzen. Danach abtropfen lassen und dabei die Sahne auffangen.

Zwiebeln schälen und würfeln. Champignons putzen und halbieren. Öl erhitzen. Zwiebelwürfel und Champignonhälften darin anbraten, mit etwas Salz, Pfeffer und Paprikapulver würzen. Aus der Pfanne herausnehmen und beiseite stellen.

Schweinefilet ggf. häuten und das Fett abschneiden. Filet abspülen, trocken tupfen, würzen und in Bratfett ca. 4 Minuten im Ganzen anbraten.

Eine große, feuerfeste Form fetten. Das angebratene Filet in Scheiben schneiden. Die Kartoffel- und Filetscheiben zusammen mit den Pilzen und Zwiebeln in die Form geben.

Die aufgefangene Sahne mit den Eiern verquirlen, mit der Gemüsebrühe würzen und darübergießen.

Im vorgeheizten Backofen bei 200 °C etwa 40 Minuten backen.

Zum Servieren mit Kräuter-Crème fraîche garnieren.

Kartoffelgratin mit Porree

250 g vorwiegend festkochende Kartoffeln, z.B. Sissi, Marabel

2 Stangen Porree

2 große Zwiebeln

Pfeffer

Salz

Thymian

125 ml Gemüsebrühe

125 ml Milch

40–60 g geriebener Käse (45% Fett)

4 TL Saure Sahne

2 TL Margarine

Fett für die Form

Kartoffeln waschen, schälen und in Scheiben schneiden. Porree putzen, waschen und in Ringe schneiden. Zwiebeln abpellen und hacken.

Eine flache Auflaufform fetten und alle drei Zutaten fächerförmig hineingeben. Mit Pfeffer, Salz und Thymian bestreuen. Abschließend mit der Gemüsebrühe übergießen und im Backofen ca. 30 Minuten bei 200 °C backen.

Die Milch mit dem geriebenen Käse und der sauren Sahne vermischen und über das vorgebackene Gemüse geben. Die Margarine in Flocken darauf verteilen und den Auflauf noch einmal so lange in den Ofen schieben, bis er sich goldbraun verfärbt hat.

Kartoffel-Zucchini-Gratin

Für 3–4 Personen

500 g vorwiegend festkochende Kartoffeln, z.B. Leyla, Sissi

300 g Zucchini

300 ml Sahne

1 Ei

50 g geriebener Gouda

Salz

Pfeffer

1 Prise Muskatnuss, frisch gerieben

Kartoffeln waschen, schälen und in nicht zu dicke Scheiben schneiden. 5 Minuten in kochendem Salzwasser blanchieren, dann abgießen.

Zucchini von Stiel- und Blütenansätzen befreien und ebenfalls in dünne Scheiben schneiden. Kartoffel- und Zucchinischeiben dachziegelartig in eine Auflaufform schichten.

Die Sahne, das Ei und den geriebenen Gouda verrühren, mit Salz, Pfeffer und Muskatnuss würzen und diese Sahne-Käse-Mischung dann über die Kartoffel- und Zucchinischeiben gießen.

30 Minuten im vorgeheizten Ofen bei 200 °C backen.

Kartoffel-Wurzeleintopf
mit Kochwurst

1 kg Wurzeln

1 kg festkochende Kartoffeln, z.B. Belana, Sieglinde

500 ml Wasser

1 EL gekörnte Brühe

Salz

Pfeffer

6 Kochwürste

2 Bund Petersilie

Wurzeln und Kartoffeln waschen, schälen, klein schneiden und mit dem Wasser und den Gewürzen aufsetzen. Gemüse gar kochen und anschließend pürieren.

Die Kochwürste in feine Scheiben schneiden, in der Bratpfanne von beiden Seiten anbraten und in die Suppe geben.

Petersilie waschen, abtropfen lassen, klein hacken und darüber-streuen.

Labskaus

von Dirk Luther

1 kg Pökelfleisch (man kann auch Corned Beef nehmen)

2 Lorbeerblätter

6 Pfefferkörner

1 kg mehlige Kartoffeln, z.B. Afra, Bintje

500 g Zwiebeln

ca. 50 g Butter

6 Salzgurken

500 g eingelegte Rote Beete

8 Matjesfilets

pro Person je ein Spiegelei, ein Rollmops und Gewürzgurken

(Menge nach Geschmack)

Das Fleisch zusammen mit den Lorbeerblättern und den Pfeffer-
körnern in Wasser ca. 1 ½ Stunden gar kochen.

Kartoffeln waschen, mit der Schale in wenig Wasser mit etwas
Salz im geschlossenen Topf gar kochen, abschrecken, pellen und
zerstampfen. Zwiebeln pellen, in Ringe schneiden und in der
Butter glasig dünsten. Salzgurken würfeln. Rote Beete (ohne Saft)
zermusen. Matjesfilets klein schneiden.
Das fertig gegarte Fleisch ebenfalls klein schneiden. Abschließend
all diese Zutaten miteinander vermengen. Sollte die Masse etwas
zu fest sein, kann sie mit etwas Pökelbrühe verdünnt werden.

Labskaus portionsweise auf Tellern anrichten und je ein Spiegelei,
Gurken und einen Rollmops dazulegen.

Lachsfilet
mit Morcheln und Kartoffel-Lauchpüree

von Dirk Luther

Kartoffel-Lauchpüree:

400 g Lauch (nur die grünen Teile)

Salz

180 g mehlige Kartoffeln, z.B. Afra, Bintje

20 g Butter

Cayennepfeffer

geriebene Muskatnuss

40 g Butter

120 g geschlagene Sahne

Den Lauch waschen und in sprudelnd kochendem Salzwasser sehr weich blanchieren. In Eiswasser abschrecken, in ein Geschirrtuch einschlagen und das Wasser ausdrücken. Dann den Lauch mit der Butter in einer Küchenmaschine fein pürieren und anschließend durch ein Sieb streichen. Mit Salz und Cayennepfeffer abschmecken.

Die Kartoffeln waschen, schälen, in Würfel schneiden und in Salzwasser weich garen. Dann abgießen, kurz ausdampfen lassen und durch eine Kartoffelpresse drücken. Die Butter und das Lauchpüree zufügen und alles mit Salz und Muskatnuss abschmecken. Mit der geschlagenen Sahne verfeinern.

Morcheln:

250 g Morcheln, geputzt und gewaschen

1 EL gewürfelte Schalotten

45 g Butter

5 cl. Sherry, Medium

400 g Geflügelfond

eiskalte Butterstücke

Salz

Cayennepfeffer

2 EL Schlagsahne

16 Lauchzwiebeln, geputzt und blanchiert

Die Schalottenwürfel mit den Morcheln in einem Topf kurz in der heißen Butter andünsten. Mit Salz und Pfeffer würzen, dann mit Sherry ablöschen. Geflügelfond angießen und kurz köcheln lassen. Danach durch ein grobes Sieb abgießen, die Morcheln beiseitestellen und den Fond zurück in den Topf füllen, um ihn nun etwa zur Hälfte einkochen zu lassen. Dann den reduzierten Fond durch ein feines Sieb passieren, anschließend noch einmal erhitzen und mit der Butter binden. Mit Salz, Cayennepfeffer und Sherry abschmecken.

Etwas von dem Morchelfond abnehmen, um darin die Morcheln und die blanchierten Lauchzwiebeln zu erwärmen.

Lachs:

4 Lachsfilets à 140 g

Salz

Butter

Die Lachsfilets unter kaltem Wasser abbrausen und gut trocken tupfen. Mit Salz würzen. Auf einen gebutterten Teller legen und im vorgeheiztem Ofen bei 80 °C ca. 8–12 Minuten garen. Den Fisch aus dem Ofen nehmen. Die Butter in einer Pfanne bei sanfter Hitze leicht bräunen und die Filets darin kurz schwenken.

Anrichten

Das Kartoffel-Lauchpüree zu Nocken abstechen und auf vorgewärmte Teller geben. Den Lachs darauf anrichten und mit der Morchel-Lauchzwiebel-Mischung umlegen. Den Morchelfond mit dem Pürierstab aufmixen, mit der geschlagenen Sahne verfeinern und über das Gericht verteilen.

Pellkartoffeln in Schinken

12 festkochende Pellkartoffeln
6 Scheiben gekochter Schinken
6 Scheiben roher Schinken
etwas Butter für die Auflaufform
2 Becher Sahne
200 g Schmelzkäse
1 Becher Crème Fraîche
1 Päckchen TK-Kräuter der Provence
Salz
Pfeffer

Kartoffeln pellen. Alle Schinkenscheiben einmal längs halbieren.
Jede Kartoffel erst in ½ Scheibe gekochten Schinken, dann in ½
Scheibe rohen Schinken einwickeln.
Auflaufform fetten und die umwickelten Kartoffeln hineinsetzen.
In einem Topf Sahne, Schmelzkäse und Crème Fraîche unter
Rühren so lange erwärmen, bis der Käse geschmolzen ist. Kräuter
der Provence zugeben und mit Salz und Pfeffer würzen. Die
Käse-Sahne über die Kartoffeln gießen.
Die umwickelten Kartoffeln im vorgeheizten Ofen bei 200 °C
etwa 30–45 Minuten backen.

Pellkartoffeln mit Speckstippe

ca. 1 kg festkochende Kartoffeln, z.B. Sieglinde, Allians

60 g durchwachsener Speck

1 große Zwiebel

40 g Mehl

Salz

weißer Pfeffer

1 Prise Zucker

evtl. etwas Essig (nach Geschmack)

250 ml Milch

250 ml Wasser

Kartoffeln waschen und mit der Schale in wenig Wasser mit etwas Salz im geschlossenen Topf gar kochen.

Zwiebel pellen. Speck und Zwiebel relativ fein würfeln. Speck in der Pfanne ausbraten lassen. Zwiebelwürfel dazugeben. Wenn diese sich braun verfärbt haben, erst das Mehl darüberstäuben und dann die Milch dazugießen. Zum Kochen bringen. Mit Salz und Pfeffer abschmecken.

Kartoffeln pellen und mit der Speckstippe servieren.

Pilzeintopf

von Dirk Luther

400 g Mischpilze
(Steinpilze, Pfifferlinge, Maronen und Birkenpilze)

100 g Möhren

100 g Knollensellerie

500 g festkochende Kartoffeln, z.B. Annabelle, Princess

3 Lauchzwiebeln

40 g Butter

1 Liter Rindfleischbrühe

Salz, Pfeffer, frisch gemahlen

3 Lorbeerblätter

2 Thymianzweige

1 EL Planzenöl

2 EL durchwachsene Speckwürfel

2 EL Schalottenwürfel

300 ml Sahne

2 EL Crème Fraîche

1 Bund Blattpetersilie

Pilze putzen und – nur wenn es erforderlich ist – waschen, dann in Scheiben schneiden. Möhren, Knollensellerie und Kartoffeln waschen und schälen. Von den Lauchzwiebeln die Wurzeln und das grüne Ende entfernen. Alles in kleine Würfel schneiden. Petersilie waschen, abtropfen lassen und klein schneiden. Die Butter in einem Kochtopf zerlassen, das Gemüse und die Kartoffeln darin andünsten. Die Brühe aufgießen, salzen, pfeffern und die Lorbeerblätter sowie die Thymianzweige zugeben. Aufkochen und etwa 15 Minuten köcheln lassen.
Die Speckwürfel in einer Pfanne mit Öl kross anbraten. Pilze und die Schalottenwürfel hinzufügen und mit Salz und Pfeffer würzen. Dann alles in die Suppe geben und diese noch 5 Minuten weiterköcheln lassen.
Die Lorbeerblätter und die Thymianzweige herausfischen. Dann die Sahne und die Blattpetersilie unterrühren und die Suppe noch wenige Minuten ziehen lassen. Abschließend mit Crème Fraîche verfeinern.

Rübenmalheur

1 kg Kasslerbauch
4 Kochwürste
1 kg Rüben (Steckrüben)
1 kg mehlige Kartoffeln, z.B. Afra, Bintje
1 kg Möhren
1 Stange Porree
1 große Zwiebel
250 g durchwachsener Speck
Salz und Pfeffer nach Geschmack

Fleisch waschen, trocken tupfen und in reichlich Wasser ca.
1 Stunde köcheln lassen. Die Kochwürste etwa 20 Minuten mit-
kochen. Fleisch anschließend in Stücke schneiden.
Rüben, Kartoffeln und Möhren waschen, schälen, würfeln und
ebenfalls gar kochen. Dann das Gemüse zerstampfen, mit Salz
und Pfeffer würzen und das Fleisch darunterheben.
Porree putzen, waschen und in Ringe schneiden. Die Zwiebel
pellen und ebenfalls in Ringe schneiden. Den Speck würfeln, dann
in einer Pfanne auslassen und die Porree- und Zwiebelringe darin kräftig anbraten. Anschließend über das zerstampfte Gemüse
gießen und die Kochwürste dazulegen.

Schnüsch

250 g Brechbohnen
250 g Möhren
250 g Erbsen (frisch oder TK)
evtl. 1 Schweinebacke oder geräucherten Bauchspeck
250 g festkochende Pellkartoffeln, z.B. Belana, Allians
Salz
1 Prise Zucker
500 ml Milch
50 g Butter
1 Bund Petersilie

Bohnen abfädeln, waschen und in Stücke brechen bzw. erfor-
derlichenfalls die Enden abschneiden. Möhren waschen, putzen
und in Scheiben schneiden. Frische Erbsen enthülsen. Petersilie
waschen, abtropfen lassen und fein hacken.
Möhren, Erbsen und Brechbohnen in wenig Wasser kurz kochen.
Schnüsch schmeckt besonders gut, wenn im Gemüsewasser eine
Schweinebacke bzw. geräucherter Bauchspeck mitgekocht wird.
Pellkartoffeln abpellen und in Scheiben schneiden.

Bohnen, Möhren, Erbsen und Kartoffelscheiben miteinander
vermischen und mit Salz und Zucker würzen.

Schinkenkartoffeln

1 kg vorwiegend festkochende Kartoffeln, z.B. Leyla, Linda

ca. 80 g Butter

1 Zwiebel

250 g gekochter Schinken

250 ml Saure Sahne oder Milch

3 Eier

Salz

Pfeffer

Paniermehl

Butterflöckchen nach Belieben

Kartoffeln waschen, mit der Schale in wenig Wasser mit etwas Salz im geschlossenen Topf gar kochen, abschrecken, abpellen und in Scheiben schneiden.

Zwiebel pellen und fein würfeln. Schinken in Streifen schneiden. Butter in einer Pfanne zerlassen. Dann etwa die Hälfte der zerlassenen Butter in eine Auflaufform geben; in dem in der Pfanne verbleibenden Rest die Zwiebelwürfel gelb schmoren. Kartoffelscheiben, Schinkenstreifen und geschmorte Zwiebeln in die Auflaufform schichten. Die Saure Sahne bzw. die Milch mit den Eiern verquirlen und dabei mit Salz und Pfeffer würzen. Eier-Milch über die Kartoffeln gießen. Mit Paniermehl bestreuen und einige Butterflöckchen daraufsetzen.

Im vorgeheizten Ofen bei 200 °C etwa 15–20 Minuten goldgelb backen. Die Schinkenkartoffeln sind fertig, wenn die Eiersahne gestockt ist.

Schirnauer Kartoffelraupe
für Kinder

500 g mehlige Kartoffeln, z.B. Afra, Bintje
Salz
100 ml Milch
200 g TK-Erbsen
1 TL gehackte Petersilie
6 Minibratwürste
etwas Butterschmalz
3 Möhren
1 TL Zucker
1 TL Zitronensaft
1 Apfel
Schnittlauchhalme

Kartoffeln waschen, schälen, in wenig Salzwasser gar kochen, abgießen, abdampfen lassen und stampfen. Die Milch erhitzen, dazugeben und gut mit dem Brei verrühren.
Die Erbsen in wenig Salzwasser garen und abgießen. 1 EL Erbsen beiseite stellen. Die Petersilie hinzufügen und pürieren. Anschließend das Erbsen- mit dem Kartoffelpüree vermischen.
Die Minibratwürstchen der Länge nach halbieren und an den Enden einmal einschneiden. In Butterschmalz bei nicht zu starker Hitze vorsichtig braten.
Die Möhren waschen, schälen, in feine Streifen hobeln und mit dem Zucker und dem Zitronensaft vermischen.
Den Apfel waschen, vierteln, entkernen und in schmale Spalten schneiden.

3 Minibratwursthälften auf einem Teller wie eine Raupe anrichten und das Püree mit einem Spritzbeutel darüber spritzen, dabei an einem Ende einen dicken Tupfer als Kopf hinsetzen mit Augen aus Erbsen und Fühlern aus Schnittlauchhalmen. Die ‚Raupe' mit den Apfelspalten dekorieren und den Möhrensalat um sie herum anrichten.

Süßes

Kartoffelhörnchen

500 g Mehl

60 g Zucker

30 g Hefe

1 TL Salz

200 g mehlige geriebene Pellkartoffeln, z.B. Afra, Bintje

125 ml warme Milch

flüssiges Backfett

1 TL Zucker

Die Zutaten kräftig zu einem Hefeteig verschlagen, den Teig relativ dünn ausrollen, Hörnchen formen, aufgehen lassen und dann im vorgeheizten Backofen bei 200 °C etwa 30 Minuten backen. Mit wenig Zucker bestreuen.

Kartoffelkuchen ohne Fett von 1945

300 g mehlige Pellkartoffeln vom Vortag

1 Ei

70 g Zucker

250 g Mehl

1 Päckchen Backpulver

etwas Wasser

1 Päckchen Zitronenschalenaroma

1 Gugelhupf-Form

Kartoffeln pellen und reiben.

Ei und Zucker schaumig rühren. Mehl und Backpulver sieben und nach und nach unterrühren. Nach eigenem Ermessen noch etwas Wasser zugeben. Dann die geriebenen Kartoffeln und zuletzt das Zitronenschalenaroma unterheben.

Gugelhupf-Form einfetten und den Teig einfüllen.

Im vorgeheizten Backofen 40–45 Minuten bei 170 °C backen.

Kartoffelpfannkuchen

1,2 kg vorwiegend festkochende Kartoffeln, z.B. Laura, Marabel
40–60 g Mehl
1 Prise Salz
2 Eier
¾ Päckchen Backpulver
Bratfett (z. B. Schmalz oder Öl)

Kartoffeln waschen, schälen und reiben.
Die geriebenen Kartoffeln mit dem Mehl und dem Salz, den
Eiern und dem Backpulver zu einem Teig verarbeiten.
Das Fett in einer Pfanne erhitzen und darin kleine Pfannkuchen
von beiden Seiten goldgelb ausbacken.

Tipp: Die Kartoffelpfannkuchen mit Zucker bestreuen und/oder
Apfelkompott dazu reichen.

Kartoffelpuffer

2 kg vorwiegend festkochende Kartoffeln, z.B. Linda, Sissi
2 Eier
Salz
2 EL Paniermehl
Öl zum Ausbacken

Die Kartoffeln waschen, schälen und reiben.
Dann die geriebenen Kartoffeln in ein Sieb geben und über einer
Schüssel abtropfen lassen. Die Flüssigkeit abgießen, aber das in
der Schüssel abgesetzte Kartoffelmehl aufbewahren.
Die geriebenen Kartoffeln mit den Eiern, etwas Salz und dem
Paniermehl vermengen und das Kartoffelmehl unterrühren.
Puffer von 2–3 EL Teig in sehr heißem Öl von beiden Seiten
knusprig goldbraun backen und auf Küchenkrepp abtropfen
lassen.
Mit Apfelmus servieren.

Kartoffeltorte

8 Eier

380 g Zucker

500 g mehlige Pellkartoffeln, z.B. Afra, Bintje

130 g gehackte Mandeln

Saft von 1 Zitrone

abgerieben Schale von 2 Zitronen

1 EL Mehl

500–750 ml Schlagsahne

Butter zum Fetten der Springform

Eier und Zucker schaumig schlagen. Abgekühlte Pellkartoffeln pellen, reiben und unter den Eierschaum heben. Dann Mandeln, Zitronensaft und Zitronenschale unterrühren.

Diese Masse in eine gefettete Springform geben.

Den Backofen 10 Minuten auf 200 °C vorheizen und die Kartoffeltorte ca. 60–75 Minuten backen.

Sahne schlagen und die Torte vor dem Servieren damit verzieren.

Pulser Kartoffeltorte

3 Eiweiß

200 g Zucker

3 Eigelb

1 Teller feingeschnittene Äpfel

1 Teller gekochte und durchgedrehte mehlige Kartoffeln

1 Tasse Gries

1/2 Päckchen Backpulver

Eiweiß steif schlagen und dabei den Zucker einrühren. Dann erst das Eigelb und anschließend die fein geschnittenen Äpfel sowie die durchgedrehten Kartoffeln unterheben. Gries und Backpulver vermischen und unter die Kartoffel-Apfel-Masse rühren.

Im vorgeheizten Backofen ca. 50 Minuten bei 170 °C backen.

Schupfnudeln mit Kirschsoße

1 kg mehlige Kartoffeln, z.B. Afra, Bintje

2 Eier

etwas Salz

120 g Mehl

Butterfett zum Braten

1 Glas Kirschen

30 g Speisestärke

1 EL Zucker

2 gehäufte TL Vanillezucker

gemahlener Mohn (Menge nach Belieben)

Puderzucker (Menge nach Belieben)

Kartoffeln waschen, schälen, in wenig Wasser kochen, abgießen, abdampfen und stampfen.

Eier, Salz und Mehl hinzufügen und das Ganze zu einem festen Teig verarbeiten.

2–3 Liter Salzwasser erhitzen. Aus dem Teig eine 2,5 cm dicke Rolle formen und von dieser 0,5 Zentimeter dicke Scheiben abschneiden. Diese Scheiben wiederum zu Rollen formen und dabei die Enden jeweils spitz zulaufen lassen.

Diese Schupfnudeln dann portionsweise ins heiße Wasser geben und so lange ziehen lassen, bis sie aufsteigen. Mit einer Schöpfkelle aus dem Wasser herausnehmen und abtropfen lassen. Dann in einer Pfanne in heißem Butterfett braten, bis sie goldbraun sind.

Die Kirschen mit dem Saft erhitzen. Die Speisestärke mit etwas kaltem Wasser verquirlen und damit die Kirschen andicken. Mit Zucker und Vanillezucker süßen.

Gemahlenen Mohn mit Puderzucker vermischen.

Kirschen und Mohn-Puderzucker-Gemisch zu den Schupfnudeln reichen.

Süße Röstkartoffeln

1 kg sehr kleine festkochende Kartoffeln, z.B. Sieglinde, Princess

2 EL Butter oder Schmalz

1 1/2 TL Salz

1 EL Puderzucker

Die Kartoffeln am Vortag mit der Schale in einem Topf mit wenig Salzwasser zugedeckt gar kochen, abschrecken, pellen und über Nacht zugedeckt in den Kühlschrank stellen.

Butter bzw. Schmalz in einer tiefen Pfanne auf guter Mittelhitze heiß werden lassen, die Kartoffeln ganz hineingeben und von allen Seiten schön bräunen. Dabei die Pfanne immer wieder leicht rütteln, damit die Kartoffeln nicht ankleben. Erst in den letzten Minuten salzen und mit Zucker bestreuen. Nochmals kräftig durchschwenken und dann servieren.

Tipp: Süße Röstkartoffeln passen gut zu grünem Salat, aber auch zu einem deftigen Grünkohlessen.

DR. CARSTEN FLEISCHHAUER

geb. 1967 in Pinneberg, Kunsthistoriker und Historiker, Studium in Münster, Freiburg/Br. und Köln. Seit 2003 am Landesmuseum für Kunst und Kulturgeschichte in Schleswig, seit 2005 Leiter des Volkskunde Museums der Stiftung Schleswig-Holsteinische Landesmuseen Schloss Gottorf.

GUNTRAM TURKOWSKI

geb. 1970 in Kiel, Volkskundler, Studium in Kiel. Seit 2002 am Landesmuseum für Kunst und Kulturgeschichte in Schleswig, seit 2005 Leiter des Volkskunde Museums der Stiftung Schleswig-Holsteinische Landesmuseen Schloss Gottorf.

STEFFI BRÜGGE

Die freie Fotografin arbeitet in Hamburg vorwiegend für Lifestyle-Themen. Ihre Aufnahmen bestechen durch einen genauen Blick. Steffi Brügge muss weder Lebensmittel noch Speisen groß inszenieren, um sie als verführerische Objekte abzulichten. Es gelingt ihr mit Geduld, Erfahrung und Talent, so dass einem beim Durchblättern des Buches das Wasser im Munde zusammenläuft.

DIRK LUTHER

Nach Stationen u.a. im Hotel Vier Jahreszeiten, im Hotel Louis C. Jacob sowie einem Auslandsaufenthalt in Frankreich wechselte der Koch Dirk Luther 2006 in das Restaurant „Meierei" im Vitalhotel Alter Meierhof nach Glücksburg und erlangte auf Anhieb einen Stern im Guide Michelin. Seit 2008 wird das Restaurant durchgängig mit zwei Sternen bewertet. Dirk Luther ist zudem regelmäßig Fernseh-Koch für das Schleswig-Holstein-Magazin des NDR.

Sämtliche Fotografien von Rezepten und Kartoffeln wurden von Steffi Brügge erstellt. Die historischen Fotografien auf den Seiten 19, 26 und 27 stammen aus dem Archiv von Hans Hermann Storm.

DIE LANDFRAUEN SCHLESWIG-HOLSTEIN

Aus einem riesigen Fundus haben die Landfrauen Schleswig-Holstein interessante und schmackhafte Rezepte zusammengestellt. Auf Gut Schirnau wurden die Rezepte von engagierten Landfrauen zubereitet und zeigen die vielen Verwendungsmöglichkeiten der Kartoffel.